Sprachspielereien
für Deutschlernende

Sprachspielereien
für Deutschlernende

Rainer Bohn / Ina Schreiter

LANGENSCHEIDT · VERLAG ENZYKLOPÄDIE
Leipzig · Berlin · München · Wien · Zürich · New York

4. Auflage, 1994
© 1989 Verlag Enzyklopädie
© 1992 Langenscheidt · Verlag Enzyklopädie Leipzig, Berlin, München
Druck: Interdruck Leipzig GmbH
Printed in Germany
ISBN 3-324-00483-7

Inhaltsverzeichnis

Vorbemerkungen

Buchstäbliches

Wörtliches

7

Syntaktisches

9

Endprodukt Text

11

Idiomatisches

Dichterisches

Grammatisches

Gefälschtes

Rätselhaftes

Vorbemerkungen

Anliegen dieses Buches ist es, einige Möglichkeiten der Arbeit mit Sprachlernspielen im Unterricht Deutsch als Fremdsprache vorzustellen. Die Sammlung wendet sich an Schüler und Studenten, die mit dem Erlernen der Fremdsprache Deutsch beginnen, aber auch an solche, die bereits ein hohes Sprachkönnen aufweisen. Sie wendet sich selbstverständlich auch an die Lehrer, die die Vorteile von Sprachlernspielen für die Arbeit mit ihren Schülern nutzen können und sollten. So ist die Sammlung vorwiegend für den Einsatz im Unterricht vorgesehen, kann aber zugleich von den Lernenden selbständig – auch zur Unterhaltung – genutzt werden. Untersuchungsergebnisse haben gezeigt, welche Vorzüge von Sprachlernspielen besonders hervorzuheben sind:
Sie fördern die Lernbereitschaft, helfen bei der Überwindung von Ermüdungserscheinungen durch interessante Lexikarbeit, bieten gute Möglichkeiten zur Automatisierung sprachlicher Strukturen, tragen zur konzentrierten Aufmerksamkeit der Schüler und einer gesteigerten Aktivität auch der leistungsschwachen Schüler bei und dienen so zur Auflockerung und Abwechslung des Unterrichts und schließlich als Motivation zum Gebrauch der Fremdsprache.
Sprachlernspiele stärken die Lernmotivation im allgemeinen und die aktuelle Motivation in besonderer Weise. Dazu trägt der Wettbewerbscharakter vieler Spiele bei, ebenso die Tatsache, daß der Reiz des Neuen wirkt und dadurch die natürliche Wißbegierde ausgenutzt wird. Die Neugier, die Lust zur Nachahmung und zum kreativen Umgang mit der Sprache werden angeregt, so daß das bei Kindern und auch bei Erwachsenen vorhandene Spielbedürfnis befriedigt wird und die Ausführung Spaß macht.

Insofern sind Sprachlernspiele in einem weiten Sinne zu verstehen: Sie reichen von sprachlichen Aufgaben mit konkreter Zielstellung für die Entwicklung sprachlichen Könnens bis zum spielerischen Umgang mit der Sprache. Zielstellungen für Sprachlernspiele sind:

- Arbeit an lexikalischen, grammatischen, stilistischen, orthographischen, phonetischen Kenntnissen;
- Entwicklung von Fertigkeiten in den Hauptsprachtätigkeiten Sprechen, Verstehendes Hören, Schreiben, Verstehendes Lesen.

Wenn man davon ausgeht, daß Sprachlernspiele unter konkreten Zielstellungen im Unterricht eingesetzt werden, sollten den Lehrenden dabei Hilfen gegeben werden. Dazu gehört eine möglichst sinnvolle und praktikable Einteilung nach bestimmten Ordnungsprinzipien. Möglich wäre beispielsweise eine Gruppierung nach

- dem Alter der Lernenden (Kinder oder Erwachsene)
- den zu fördernden Sprachtätigkeiten
- der Organisationsform (Gruppen- oder Einzelspiele)
- dem sprachlichen Schwierigkeitsgrad
- dem Grad der Bindung an ein Material.

Bei der Beschäftigung mit diesem Problem zeigt sich, daß eine strenge Befolgung nur eines Gliederungsprinzips kaum möglich ist; es gibt zu viele Überschneidungen und Mehrfachfunktionen. Deshalb wurde versucht, die Sammlung nach vorwiegend sprachlichen Gesichtspunkten zusammenzustellen und dabei – als Grundprinzip – von den Ebenen des Sprachsystems auszugehen. Angeboten werden Sprachlernspiele zum Wort, zu Wortgruppen und Wendungen, zum Satz und zum Text. Es ist zu bedenken, daß diese Einteilung übergreifenden Charakter trägt und eine weitere Aufgliederung notwendig macht. Sowohl auf der Ebene des Wortes als auch auf der des Satzes und des Textes können Übungen im Bereich der Lexik, der Grammatik, der Stilistik, Orthographie und Phonetik angesiedelt werden.

Wortebene/Lexik: Defekte Leuchtreklame (S. 33)
Wortebene/Grammatik: Mal so, mal so (S. 123)
Satzebene/Lexik: Widersprüche (S. 60)
Satzebene/Phonetik: Zungenzerbrechlich (S. 72)

Um die Übersichtlichkeit zu erhöhen, wurden die folgenden Gruppen ausgegliedert und gesondert aufgeführt:

- Dichterisches (Reime)
- Grammatisches
- Gefälschtes (Korrekturleistungen)
- Rätselhaftes.

Auf eine Stufung der Übungen nach ihrem Schwierigkeitsgrad wurde verzichtet, aber sichtbar gemacht, welche Spiele besonders für Anfänger (1./2. Lernjahr bis zur Beherrschung von 500 lexikalischen Einheiten mit A gekennzeichnet), welche besonders für Fortgeschrittene (mit F gekennzeichnet) geeignet sind; die nicht markierten können je nach Bedingungsgefüge der Gruppe nach dem Ermessen des Lehrers eingesetzt werden. Die Markierungen sind als Empfehlungen zu betrachten. Viele Spiele haben Modellcharakter; der Lehrer kann sie, je nach Niveaustufe seiner Lerner, mit unterschiedlichem lexikalischen Material füllen.

Jedes Sprachlernspiel ist grundsätzlich nach Aufgabe, Durchführung und Varianten gegliedert. Dabei richtet sich die Aufgabe an die Lernenden, die Anleitung zur Durchführung an Lerner und Lehrer bzw. Spielleiter, während die Varianten Hinweise für den Lehrer bzw. Spielleiter darstellen.

Im Anhang findet sich ein Schlüssel für solche Aufgaben, bei denen es nur eine Lösung gibt.

Im Inhaltsverzeichnis wird jedem Sprachlernspiel eine Kurzcharakteristik beigefügt, die dem Lehrer bei der Auswahl helfen soll. Seiner Orientierung dient auch die anschließende Zuordnung der Sprachlernspiele zu Tätigkeiten, die im Fremdsprachenunterricht relevant sind.

Überlegungen des Lehrers zum didaktisch-methodischen Einsatz von Sprachlernspielen sollten folgende Gesichtspunkte einbeziehen:

1. Die Auswahl der Spielformen und Spiele muß fachdidaktisch und pädagogisch begründbar sein, d. h. daß sich der Lehrer bewußt ist, mit welchem Ziel er das eine oder andere Spiel einsetzt. Es ist nicht die einzige und auch nicht die wichtigste Funktion, „Lückenfüller" zu sein oder zur Auflockerung zu dienen.

2. Die Spiele sollen geeignet sein, möglichst viele Schüler zu beteiligen und aktiv werden zu lassen.

3. Sprachlernspiele müssen dem Alter und dem Sprachkönnen der Lernenden angemessen sein.

4. Sprachlernspiele dienen der Entwicklung aller Zieltätigkeiten. Im Vordergrund steht dabei das Sprechen. Neben zahlreichen Spielen, bei denen die Aufgabenstellung mündliche Ausführung fordert, gibt es solche, die schriftlich zu lösen sind, und eine Reihe von Übungen, die nach Ermessen des Lehrers mündlich oder schriftlich ausgeführt werden können.

5. Nicht immer wird es möglich sein, Sprachlernspiele in die jeweilige Unterrichtsthematik einzubetten, wie das oft gefordert wird. Hauptsächlich, wenn es um innersprachliche Beziehungen (Synonymie, Antonymie usw.) geht, ist das schwierig. Aber natürlich soll der Lehrende es versuchen.

6. Der Spielleiter, meist der Lehrer, sollte möglichst in den Hintergrund treten, um den Schülern ihre Unbefangenheit in der Spielsituation zu bewahren. Wo möglich, können die Lernenden abwechselnd als Spielleiter fungieren.

7. Bei der Entscheidung für oder gegen ein Sprachlernspiel stellt die Spielorganisation einen wesentlichen Gesichtspunkt dar. Der Zeitaufwand für die Vorbereitung und Durchführung des Spiels und sein Nutzen müssen in einem vertretbaren Verhältnis stehen.

8. Unter den vielen verschiedenen Arten von Übungsformen gibt es auch solche, deren Berechtigung in der Pädagogik immer wieder diskutiert wird: die Korrekturübungen. Wir halten diese Übungsform für Deutschlehrer für notwendig, für andere Zielgruppen für nützlich. Die Fehlersuche stachelt die Entdeckerfreude an; das Suchen nach sprachlichen Varianten fördert die Aktivität der Schüler.

9. Sprachlernspiele sollten im Unterricht Deutsch als Fremdsprache in hohem Maße fremdsprachig durchgeführt werden.

10. Denken wir schließlich auch daran, daß die Faszination von Computerspielen schon viele Lernende und Lehrende ergriffen hat und daß Computer neue Sprachspielmöglichkeiten eröffnen.

Spielen wir also im Unterricht, aber bedenken wir dabei: Spiele sind kein Allheilmittel, und sie ersetzen nicht das systematische Lernen und das intensive Üben. Auf dem Gelernten bauen sie auf, und bezüglich der Übungen sind sie nur eine Form neben anderen. Setzt der Lehrer sie geplant, maßvoll und zielgerichtet ein, hat er auch bei seinen Schülern „gewonnenes Spiel".

Buchstäbliches

1 Tier-Abc

A Schreibe ein Tier-Abc auf! Schwierige Buchstaben dürfen weggelassen werden.

Beispiel: Affe – Bär – Chamäleon – . . .

Varianten
(1) Gruppenarbeit schriftlich. Sieger ist, wer in einer festgelegten Zeit die meisten Tierbezeichnungen findet.
(2) Das Spiel wird mündlich durchgeführt. Die Spieler nennen
der Reihe nach möglichst schnell das nächste Tier. Wer
keins weiß, scheidet aus.
(3) Bei dem Spiel können auch Blumennamen, Länderbe-
zeichnungen, Namen von Städten und Flüssen oder auch
beliebige Wörter (bei Anfängern) verlangt werden.

F (4) Zu jedem Tier ist eine typische Eigenschaft zu nennen.

Beispiel: der schlaue Fuchs / der Fuchs mit dem buschigen
Schwanz / . . .

2 Das Abc oder Was ich mag

A Schreibe Dinge auf, die du magst!

*Der Spielleiter erklärt, daß die zu suchenden Substantive al-
phabetisch geordnet sein müssen. Jedes Wort hat fortlaufend
mit dem nächsten Buchstaben des Alphabets zu beginnen.*

Beispiel: Ananas – Bücher – Camping – Donau – . . .

Varianten

(1) Schreibe Dinge auf, die du nicht magst!

F (2) Schreibe Abstrakta (oder Begriffe zum Sachbereich Studium, Sport usw.) auf!

(3) mündliche Durchführung

Sieger ist, wer die meisten nennt, oder: Wer kein Wort weiß, scheidet aus.

3 Lückenloses Abc

F Bilde Sätze, deren Wörter fortlaufend mit den Buchstaben des Alphabets beginnen!

Beispiel: Affenwärter bringen Chamäleons duftende Erdbeeren. Friedlich grasen Hornochsen. Iltisse knabbern Leberblümchen. Murmeltiere nuckeln Obstsaft. Purpurrote Quallen rufen sieben Turteltauben. Unten verlachen Walfischkinder x-beinige Ybbser Zebras.

4 Stadt, Land, Fluß

A Schreibe je eine Stadt, ein Land und einen Fluß mit dem gleichen Anfangsbuchstaben auf!

Der Spielleiter gibt ein Muster in Tabellenform vor.

Beispiel: A – Athen – Albanien – Amazonas

B – Berlin – Belgien – Beresina

C – China – ...

Varianten

Die Tabelle kann verkürzt bzw. für Fortgeschrittene erweitert werden (Berufe, Speisen, Pflanzen u. a.).

Sieger ist, wer die meisten Bezeichnungen findet bzw. die kürzeste Zeit braucht.

5 Von E – I – L – P – S zu „Spiel"

Nenne Buchstaben eines Wortes möglichst schnell in alphabetischer Reihenfolge! Deine Mitspieler müssen das Wort erraten.

Varianten

(1) Wörter aufschreiben lassen.

(2) Umgekehrtes Vorgehen: Wörter nennen und möglichst schnell in alphabetische Reihenfolge bringen lassen. Sieger ist, wer die vorgegebenen Wörter in der kürzesten Zeit „aufgelöst" hat.

6 Variierter Anfang

A Eine Onne ging des Wegs fürbaß
und fühlte: Vorne fehlt mir was.
Was fehlt mir denn? Ich glaub – ein N!

Bilde möglichst viele Reimwörter durch Vorsetzen verschiedener Buchstaben!

Beispiel: –onne → Nonne – Tonne – Sonne – Wonne – . . .
–lühen; –aufen; –aus; –ose; –all; –eil; –und; –ind;
–ach; –ieb; –angen; –ocken; –einen

Varianten

F Bei gleicher Aufgabenstellung sollen die Wörter durch mehrere Buchstaben nach vorn verlängert werden

Beispiel: –ost → Post – Prost – Kompost – . . .

7 Brehms Tierleben

F Die einzelnen Buchstaben des folgenden Wortes sind die Anfangsbuchstaben der Tiernamen, die du finden sollst.

Beispiel: TIGER → Tapir – Igel – Gans – Esel – Rabe

Puma – Löwe – Trampeltier – Kaninchen – Leopard – Raupe –
Schmetterling – Schnabeltier – Papagei – Hase

Das Spiel kann schriftlich oder mündlich durchgeführt werden. Die Schwierigkeit wird gesteigert, wenn das Ausgangswort ein längeres Wort ist oder wenn zu jedem Buchstaben mehrere Tiernamen zu finden sind.

Varianten
Die Wörter können sich auf die verschiedensten Sachgebiete beziehen (Schule, Mode, Blumen, Sport usw.).

8 Brot und Spiele

A *Einer nennt ein Wort und einen Bereich, z. B. BROT und ,Lebensmittel'. Er wirft einem anderen einen Ball zu, dieser muß ein Wort aus dem Bereich nennen, das mit dem ersten Buchstaben des genannten Wortes (B) beginnt. Er wirft den Ball weiter, der nächste nennt eins, das mit R beginnt usw. Wer keins weiß, scheidet aus.*

Beispiel: **Bohne − Reis − Obst − Tee**

9 Ende gut, Anfang gut

A Suche Städte! Der Endbuchstabe des vorangehenden Städtenamens ist der Anfangsbuchstabe des folgenden.

Beispiel: **Leipzig − Genua − Athen − Nürnberg − Gera − A...**

Varianten
Anstelle von Städten können Flüsse, Länder, Pflanzen u. a. genannt werden.

10 Wer bildet die längste Wortkette?

A *Die Spieler werden in zwei oder mehrere Gruppen eingeteilt. Die Aufgabe besteht darin, Substantive zu suchen, mit deren letztem Buchstaben jeweils das neue Wort beginnt.*

Beispiel: **Haus − Saft − Tasse − Ende − ...**

Varianten

(1) Schriftlich: Sieger ist, wer die längste Wortkette in einer vorgegebenen Zeit bildet.

(2) Es können auch jeweils die **beiden** letzten Buchstaben genommen werden.

Beispiel: Motor – Orgel – Elbe – Bein – Inder – Erde – ...

11 Lob der Endbuchstaben

F Lies den Text laut und ergänze dabei die fehlenden Endbuchstaben!

Ich kenne einen, der will die Endbuchstaben abschaffen. Abe ohne Endbuchstaben ist unser deutsch Sprach ohn Saf un Kraf , ohn Sal un Schmal .
Was werde wi tu , wen wir in Wal un Fel , in Hau un Ho , bei Ta un Nach laute Wörter ohn Endbuchstabe begegne ? Da halt ich nicht au ! Mi Kin un Kege , mi Sac un Pac müßt ic da Lan verlasse . Da verteidig ich liebe die Endbuchstabe mi ganze Kraf .

12 Ein Ende nicht wie das andere

F Führe die folgenden Wortanfänge auf verschiedene Weise zu Ende!

Beispiel: Gra → Gras – Gram – graben – Granate – ...
eb – art – kun – lie – ste – mo – wä – dra – un – os – tre

13 Von A bis Z

A Finde möglichst viele Wörter mit dem gleichen Anfangs- und Endbuchstaben!

Der Spielleiter nennt immer neue Anfangs- und Endbuchstaben; Lösungen auf Zuruf.

Varianten
Schriftliche Durchführung

Beispiel: s . . .n: sehen, sein, Sinn, suchen, Silben, sitzen, ...

14 Buchstabenversteckspiel

A Finde den versteckten Buchstaben!

*Ein Spieler schreibt einen Buchstaben auf (Heft oder Tafel).
Die anderen nennen Wörter, notieren sie, erfahren, ob der ge-
suchte Buchstabe enthalten ist. Auf diese Weise wird er eingekreist. Sieger ist, wer ihn errät.*

15 Buchstabenwanderung

F Bilde Wörter, bei denen der Anfangsbuchstabe des ersten Wortes jeweils um eine Stelle bis zum Wortende und dann wieder
zurückwandert. Jedes Wort soll die gleiche Buchstabenzahl haben.

*Zwei Gruppen arbeiten selbständig an der verdeckten Tafel.
Das gleiche Anfangswort wird gegeben, und jeder nachfolgen-
de Spieler ergänzt – untereinander geschrieben – ein Wort.*

Beispiel: Hund
    ↓ Ahne   Hans
      wahr   Ehre ↑
      Bach → zahm

16 Buchstabenleiter

A Bilde Wörter, die mit dem genannten Buchstaben beginnen!
Jedes folgende Wort soll dabei einen Buchstaben mehr haben.
Wer findet die höchste Buchstabenleiter?

*Spielleiter oder Spieler nennen einen beliebigen Buchstaben,
mit dem die Wörter beginnen. Sieger ist, wer das längste Wort
findet. (Die Buchstabenzahl kann festgelegt werden.)
Die Aufgabe kann als Einzelwettbewerb schriftlich, als Grup-
penwettbewerb mündlich oder an der verdeckten Tafel durchgeführt werden.*

Beispiel: A
    ab
    aus
    aber
    Angst
    Arbeit
    . . .

17 Schnelles Umdenken

F *Der erste Spieler denkt sich ein Wort und schreibt den Anfangs-*
buchstaben. Der zweite Teilnehmer ergänzt einen Buchstaben,
wobei er sich wieder ein sinnvolles Wort vorstellt. Auf diese
Weise soll ein möglichst langes Wort entstehen.
Sieger ist, wer das Wort sinnvoll zu Ende bringt.

Beispiel: O T T O M O T O R

18 Spiel mit Vokalen

F Nenne
    – harte Dinge mit a: Stahl, . . .
    – unangenehme Dinge mit e: Brennessel, . . .
    – schlechte Eigenschaften mit i: kindisch, . . .
    – praktische Gegenstände mit o: Topf, . . .
    – gute Eigenschaften mit u: klug, . . .

19 Vokalexplosion

F Suche Wörter, in denen ein bestimmter Vokal jeweils einmal
mehr vorkommt! (Im ersten Wort einmal, im zweiten Wort
zweimal usw.)

Beispiel: a → Ball – Nachbar – Ananas – Staatsanwalt – ...
e → Herz – Besen – Federbett – Regenwetter – ...
a:
e:
i:
o:
u:

A *Leichter wird das Spiel, wenn neben den geforderten auch andere Vokale vorkommen dürfen.*

20 Das längste Wort

A Bilde aus den gegebenen Buchstaben ein möglichst langes Wort!

Eine bestimmte Anzahl durcheinandergewürfelter Buchstaben steht an der Tafel oder wird diktiert.
Sieger ist, wer in einer festgelegten Zeit (etwa einer Minute) die meisten Buchstaben für ein Wort verwendet hat.
Man kann auch mehrere Buchstabengruppen für mehrere Wörter geben.

21 Wortzauberei

A Finde Wörter mit den folgenden Bedeutungen, die sich jeweils um einen Buchstaben voneinander unterscheiden!

– – – (Himmelsrichtung)
– – – (Teil des Baumes)
– – – (Sorte)
– – – (Körperteil)

22 Aus ‚Ente‘ mach ‚Gans‘!

F Die Wörter unterscheiden sich jeweils um einen Buchstaben. Schüttle die Buchstaben, und du kommst zu einem neuen Wort!

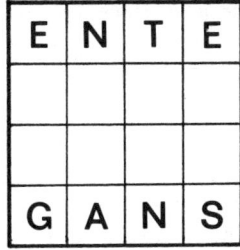

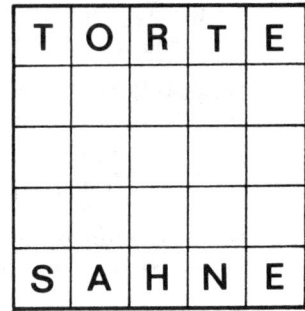

23 Immer so weiter

F Verwandle das folgende Wort in andere! Du darfst aber immer nur einen Buchstaben ändern!

Günstiger ist es, wenn der Lehrer das Spiel mit der ganzen Gruppe an einem Beispiel gemeinsam übt. Die Lösungen werden an der Tafel untereinander angeschrieben.

Beispiel: **MUND**	**HAUS**	**KIND**
MOND	HANS	...
MOHN	HANF	
MOHR	HAND	
MOOR	...	
MOOS		
MOST		
MOPS		
...		

Dieses Spiel kann schriftlich oder mündlich durchgeführt werden und ist auch als Einzelarbeit geeignet.
Sieger ist, wer die meisten Wörter findet bzw. bei mündlicher Durchführung nach Punkten pro richtigem Zuruf.

24 Lückenfüller

F Schreibe die Buchstaben eines genannten Wortes von oben nach unten auf und in einem Abstand von unten nach oben. So entstehen Anfangs- und Endbuchstaben eines Wortes, das du noch suchen mußt.

Beispiel: H O H   N
          O   H   R
          R O L L O
          N A C   H

Schwieriger wird das Spiel, wenn die Wörter die gleiche Buchstabenzahl haben sollen.

25 **Buchstaben verloren**

A Wie heißt das Wort? Setze die fehlenden Buchstaben ein!

Der Spielleiter hat Wörter mit Buchstabenlücken vorbereitet (an der Tafel oder für die Hand der Schüler).

Beispiel: H–nd–u–h   (Handtuch)
          S––re–b–ef–   (Schreibheft)
          –ud––e–t   (Budapest)

Sieger ist, wer die meisten richtigen Lösungen in der gegebenen Zeit hat.

26 **Buchstabenminus**

A Ergänze!

OST––	Himmelsrichtung
––––KLINIK	Arbeitsstätte von Ärzten
EI––––NER	Bewohner eines Landes
RAD–––––––––	Gebrauchsgegenstand für Büro und Schule
NACH–	Teil eines Tages
HA–––––––LLE	Busstation
–––ER–ICH–	organisierte Wissensaneignung
SCH–UTZ––	Antonym zu ‚sauber‘

27 Defekte Leuchtreklame

F Was soll angezeigt werden? Repariere!

–ICH–SPIELE	EI––––LE
S––ÜMPFE	FRIS––R
–LEI–CH–––E–	––EIRAD––––ZEUGE
–EIM––––ER	SÜSSE– –ADE–
LEBEN–MIT–––	–E––ICHE
–––REIBWAREN	JUNGE –ODE
WEIN–ALLE	SCHA––––––TTEN
–––RINGER HOF	–––THEKE
AUTO–AUS	DROGE–––
–AST–––– DES MEERES	––R–ACHE–

28 Wie soll denn das schmecken?

A Bei den folgenden Bezeichnungen für Zutaten zu einem Kuchen sind die Buchstaben durcheinandergekommen. Wie müssen die Zutaten wirklich heißen, damit der Kuchen schmeckt?
Schreibe die richtige Bezeichnung auf!

*Der Spielleiter hat schriftlich etwa folgendes Wortmaterial vor-
bereitet:*

Mhel	→	Rettub	→
Kuczer	→	Evallin	→
Nirosen	→	Feeh	→
Chlim	→	Senüs	→
Erie	→	Nohm	→
. . .			

Varianten
(1) Andere Sachbereiche zur Grundlage des Wortmaterials
    nehmen
(2) Die Spieler verschlüsseln selbst Wörter und bieten ihre
    Rätsel an (Einzel- oder Gruppenarbeit möglich).

29 Täter verschweigt Beruf

F   In den folgenden Namen stecken Berufsbezeichnungen. Rate
    sie, indem du die Buchstaben anders kombinierst!

Beispiel: Reni Lehr → Lehrerin

- Inge Särn   - Erich Self
- Rainer Bohmfus   - Resi Fuse
- Ina Borntal   - Dirk Rote
- Tina Zäugern   - Kirsten Meiko
- Peter Kleinremms   - Kerstin Äre
- Erich Tenk   - Emil Remaster
- Inge Ruine   - Reni Thron

30 Täter verschweigt Namen

F   Bilde aus folgenden Berufsbezeichnungen Namen! Der Vorna-
    me soll bekannt sein. Aus den übrigen Buchstaben kombinierst
    du einen (phantasievollen) aussprechbaren Familiennamen.

Beispiel: Facharbeiterin → Renate Firibach

Krankenpfleger:
Kellnerin:
Forsthelfer:
Kassiererin:
Kindergärtnerin:
Feinmechanikerin:
Apotheker:
Uhrmacher:

31 Nomen est Omen

F   Welche Eigenschaften haben die Personen? Du findest sie,
    wenn du aus den Buchstaben der Eigennamen Adjektive bil-
    dest.

Beispiel: Gustav Briel – lustig, lieb, brav, treu, gut, . . .

- Gert Samland
- Karla Mühlsteine
- Holger Schalknuß
- Dietlinde Büschhoff
- Inge Feuerlink
- Rainer Mosselburgk
- Anette Heinerlück
- Christel Eckardt
- Udo Tamick
- Dagmar Schreiber

32 Wußten Sie schon?

F Schüttle die Buchstaben der mit Versalien geschriebenen Wörter so, daß sinnvolle Wörter entstehen! Lies dann die Anekdoten vor!

- Auch in einer Großstadt TIGB es Schlangen. Das BERELET ein junger MNNA in Prag. Eine Schnur, die er NOV der Straße ABEFUHEN wollte, biß ihn in EID Hand. Erste FELIH erhielt der Verletzte in einem URANSATTER, dessen Name war: „URZ goldenen LANGESCH".

- Ein FLUNAL besonderer Art ereignete sich AFU der kleinen schwedischen NILES Nordkoster: Die beiden ZEIGINNE Motorfahrzeuge auf der Insel – ein Lieferwagen und NIE PEMOD – stießen zusammen. Schuld war eine Fliederhecke, die den HARFNER an einer VERKU die Sicht verdeckt THETA.

- Ludwig Uhland war BANKENT dafür, daß er sehr ZEKUR Briefe schrieb. AMELIN war der TRECHID mit seiner AFUR zu einem Abendessen EBI DUFERENN eingeladen. Im Gespräch HAUTEBEPET Uhland, daß SEDEJ Ding zwei Seiten habe. Da ECHTELLÄ seine Frau und TIEMEN: „Aber ich kenne NIE GNID, das nicht zwei Seiten TAH." „Und das RÄWE?" fragte Uhland GEIERUNIG! „Deine REFIEB, mein Lieber, die haben RIMME nur eine ESTIE."

Wörtliches

33 Ein ganzer Zoo ist unterwegs

```
A M S E L L E R O F M R U W D N A B O A
L E G I U H E G N A L H C S N A N D U L
B O C K B U E N Ä Y H O R N I S S E H L
N H A H E H S U A L U C H S T S R L U I
R P N E Z N A W R E H D R A P O E L R G
E A I S R E W I E S E L R E C H L I U A
P V U C E T R A D N A P C H C E S R G T
I I G H T S O B N A L H S S O C T G N O
V A N W T U D A A P T E U Z Y H E B Ä R
M N I A A G N R R M I M S I O T R L K H
M I P N N N O S A I L E L E T T A R C S
E Ö L R S A K C W H T T N G E M A S U H
R B W B E L L H H C I A N E A N I A K C
E B B E E I E E E S S U T O I F R N C U
I E U O F T E W D H E N B C I B E T U F
H U M L R F Ö G O U E R H A O P D I K A
E L E E L L A R A U P E I K R F R L R H
R E G E L E N M K N W E S P E A A O A C
R I N D E B U A T E S I E M A U M P K S
T F L O W P A N T H E R N R E T S E E S
```

F   In dem Buchstabenfeld auf Seite 36 sind mehr als 100 Tiere
    vorwärts, rückwärts, waagerecht, senkrecht und diagonal ver-
    steckt. Finde sie! Kein Buchstabe bleibt unbenutzt.

34 Ach – tu – ng!

    Bilde aus den Wortteilen möglichst viele Wörter!

    *Jeder Spieler schreibt möglichst viele Wörter auf. Sieger ist, wer
    die meisten gefunden hat.*

    Varianten
    Mannschaftswettbewerb auf Zuruf

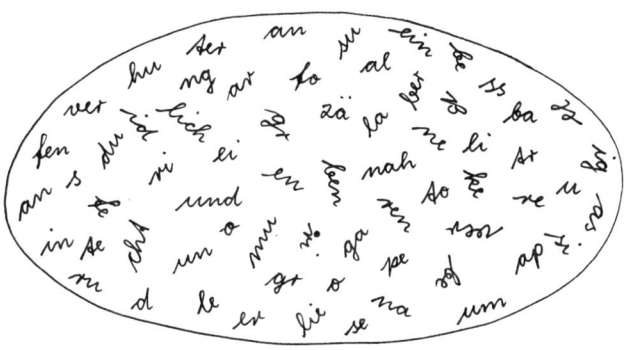

35 Silbensalat

F   Setze die Wörter fort, indem du die Endsilbe des einen als An-
    fangssilbe des nächsten Wortes verwendest!

    Beispiel: lau / fen – Fen / ster – Ster / ne – Ne / bel – . . .

36 der, die, das Haus-

F   Bilde jeweils drei Komposita, bei denen die erste Konstituente
    gleich ist, die zweite einmal aus einem Maskulinum, dann aus
    einem Femininum und zuletzt aus einem Neutrum besteht!

    Beispiel: der Hausschlüssel – die Haustür – das Hausdach

37 Wer schließt den Kreis?

F Bilde Komposita, bei denen jeweils der zweite Bestandteil des
vorhergehenden Wortes zum ersten des darauffolgenden wird!

Beispiel: Aufsatzheft – Heftseite – Seitenzahl – Zahlwort ...
Hausaufsatz

*Ein Kompositum wird vorgegeben. Die Spieler bilden die Wort-
kette in der angegebenen Weise (auf Zuruf oder der Reihe
nach). Ziel ist, viele Komposita zu bilden und die Wortkette
möglichst zu schließen.*

Varianten
Die zu bildenden Komposita können auf ein Sachgebiet beschränkt werden.

38 Kombinieren ist alles!

A Bilde aus den beiden Wortkolonnen möglichst viele zusam-
mengesetzte Substantive!

Mond	Plan
Spiel	Licht
Affe	Tür
Sonne	Käfig
Werk	Schein
Flug	Zeug
Vogel	Ball
Haus	Leute

Varianten
Bilde selbst solche Wortkolonnen und lasse deine Mitspieler
kombinieren!

39 Nähere Bestimmung

F Suche für jede Gruppe ein Wort, das in Verbindung mit jedem
der 5 Wörter dieser Gruppe einen neuen Begriff ergibt!

... Bahn	... Tag	... Mannschaft	... Wagen
Bein	Paar	Spiel	Tunnel
Berg	Reise	Platz	Linie
Blume	Kleid	Stadion	Fahrplan
Diele	Feier	Weltmeister- schaft	Schiene

... Eltern	... Luft	... Brot	... Schule
Handel	Schale	Wein	Sprung
Baustelle	Front	Kraut	Sommer
Bürgertum	Blut	Blech	Sprache
Betrieb	Weile	Käse	Spannung

40 Ordentlicher Mensch gesucht!

F Die Bestandteile der Komposita sind durcheinandergeraten.
Wie heißen die Wörter?

Kinderorganisation	Regentasche
Jugendgarten	Ferienblume
Handuhr	Taschenwetter
Klassentuch	Halsschuh
Hauszimmer	Frühlingslager

41 Schlangenwörter

F Bilde eine Wortschlange, indem du möglichst viele passende
Wörter zusammensetzt!

Beispiel: Sprach/heil/schul/lehrer/weiter/bildungs/kurs/teil/
   nehmer
   Ungeziefer/bekämpfungs/mittel
   Dienst/leistungs/betriebs/kunden/dienst
   Land/wirtschafts/ausstellungs/besucher/andrang

42 Devise: Schnell reagieren!

F Überlege dir möglichst viele Wörter mit Prä- und Suffixen!

Ein Spieler wirft einem anderen einen Ball zu und sagt z. B.
„-keit". Dieser nennt ein Wort auf „-keit", wirft den Ball einem
anderen zu und nennt ein anderes Prä- oder Suffix. (-ung,
-heit, -haft, -sam, -bar, -weise, -ig, -lich; ver-, be-, zer- usw.)
Wer kein Wort weiß, scheidet aus.

Varianten
Das Spiel kann schriftlich gemacht werden.

43 Wortausdehnung

F Bilde zu dem Wortstamm möglichst viele Wörter mit Prä- oder
Suffixen oder auch Komposita!

Beispiel: tief → Untiefe
Vertiefung
Tiefstart usw.

-spiel-/-schul-/-frei-/-schön-/-besser-/-lauf-/-grün-/
-sprech-/...

44 Die Drei wird eingekreist

A Kreise die genannten Zahlen so schnell wie möglich ein!

Die Tafel ist mit Zahlen vollgeschrieben. Zwei Spieler kreisen
mit verschiedenfarbiger Kreide die auf Zuruf der Mitspieler
genannten Zahlen um die Wette ein.

45 Zahlen nehmen Stellung

A *Aus 20 Spielern werden zwei gleichstarke Mannschaften gebil-*
det, von denen in jeder Mannschaft jeder eine Karte mit einer
Ziffer von 0 bis 9 erhält. Die anderen Spieler nennen nun belie-
bige Zahlen, und die Spieler mit den entsprechenden Ziffern
stellen sich so schnell wie möglich in der richtigen Reihenfolge
zusammen.
Die schnellere Mannschaft erhält jeweils einen Punkt.

46 Tausendfüßler bleibt stehen

A   *Die Spieler stehen und zählen der Reihe nach von 1 bis 100 oder auch weiter durch. Statt jeder Zahl, die durch 5, 9, 13 oder irgendeine beliebige festgelegte andere Zahl teilbar ist, wird ein vorgegebenes Ersatzwort (z. B. „Tausendfüßler") gerufen. Wer nicht richtig oder zu langsam reagiert, setzt sich und scheidet damit aus.*

47 Gedächtnistraining

A   Schreibe die Gegenstände aus dem Gedächtnis auf!

Der Lehrer zeigt ein Bild / eine Fotografie / eine Zeichnung (z. B. von einem gedeckten Frühstückstisch). Nach etwa 30 Sekunden wird die Vorlage verdeckt. Die Spieler lösen die Aufgabe.
Sieger ist, wer die meisten Gegenstände richtig notiert hat.

Varianten

(1) Mehrere Gegenstände liegen auf dem Tisch und werden mit einem Tuch verdeckt.

(2) Der Lehrer zeigt schnell hintereinander etwa 10 bis 15 verschiedene Gegenstände. Die Spieler notieren innerhalb einer festgelegten Zeit (maximal eine Minute) möglichst viele dieser Gegenstände.

(3) wie (2) mündlich

48 Kofferpacken

A Nenne immer neue Gegenstände, die du in deinen Koffer packst! Wiederhole dabei die bisher genannten in der richtigen Reihenfolge!

Die Spieler sitzen im Kreis, einer beginnt: „Ich packe meinen Koffer und packe . . . hinein." Ein Gegenstand wird genannt. Der nächste Spieler wiederholt und nennt einen weiteren. Wer keinen Gegenstand weiß, nicht die bisher genannten Gegenstände in der richtigen Reihenfolge und vollständig wiederholt, scheidet aus.

Varianten
(1) Die Gegenstände können gezeigt werden, die Spieler müssen die Bezeichnungen nennen.
(2) Die Aufgabe wird schwieriger, wenn alle Gegenstände mit dem gleichen Buchstaben beginnen sollen.

49 Eine runde Sache

F Nenne runde Gegenstände in alphabetischer Reihenfolge!

Beispiel: Autoreifen – Ball – Chronometer – . . .

Varianten
(1) Für die zu findenden Gegenstände / Lebewesen können unterschiedliche Charakteristika, z. B. Farben (grün) oder andere Eigenschaften (weich / heiß / . . .), festgelegt werden.
(2) Es können auch jeweils zwei oder mehrere Merkmale erfragt werden.

Beispiel: Was ist warm und weich?

50 Kürzel

A In jedem der folgenden Wörter steckt mindestens ein kürzeres. Finde es!

Beispiel: Traum → Raum

Schmaus, Kaffee, Rinde, Graben, Schaufel, Schlamm, Leiste, Feier, Marmor, Gedanke, Tausendschönchen, Verbreiterung, Bedingung

Varianten

(1) Ein bestimmtes Wort ist in möglichst vielen wiederzuentdecken.

Beispiel: „aus" findet man in: Haus, Maus, Laus, Klaus, Klausur, Faust, . . .

F (2) Die folgenden Wörter sind Bestandteile anderer (längerer) Wörter, Möglichkeiten sind zu finden.

Beispiel: weit – Erweiterung
flott – Flotte

Bein, schick, nett, Mus, Tor, Hund, Schal, Meise, Mut, Aal, Asche, bitte, auf, Ast

51 Wörter aus Wörtern

A Welche anderen Wörter stecken in diesem Wort? Schreibe möglichst viele auf! Du mußt die Buchstaben nicht in der Reihenfolge verwenden, wie sie im Wort vorkommen.

Der Spielleiter gibt an der Tafel einige Wörter vor, z. B. Schularbeiten, Hausaufgaben, Lehrbuchseite u. a. Die Spieler notieren Wörter, die aus den Buchstaben des vorgegebenen Wortes gebildet werden können. Alle arbeiten jeweils am gleichen Wort.

Für „Schularbeiten" gibt es beispielsweise folgende Lösungsmöglichkeiten: Schule, Arbeit, Schal, Last, Bein, Rast, Ente, Nest, es, ich u. v. a.

Die Übung ist als Einzel- oder Gruppenspiel möglich.
Sieger ist, wer in einer vorgegebenen Zeit die meisten Wörter findet.

Varianten

Die Buchstabenfolge soll nicht verändert werden.

Beispiel: Hausaufgabe: Haus, aus, sauf, auf, gab, Gabe, Aufgabe

52   Merkmalsfindung

F   Was hat jede dieser Wortreihen gemeinsam?

    (1) Baum, Zahn, Mohrrübe, Haar, Petersilie   (Wurzel)
    (2) Knopf, Bund, Stoff, Tasche, Schnitt   (   )
    (3) Tischtennisball, Salz, Eisbär, Schnee,
        Zucker   (   )
    (4) Pause, Heft, Lehrer, Klasse, Füller   (   )
    (5) Kaffeesahne, Bier, Benzin, Regen,
        Limonade   (   )
    (6) Taube, Teller, Tasse, Tüte, Tafel   (   )
    (7) Spree, Tierpark, Fernsehturm, Rotes Rat-
        haus, Alexanderplatz   (   )
    (8) Eis, Bockwurst, Apfel, Torte, Bonbon   (   )
    (9) Satz, Pelz, Salz, Holz, Schutz   (   )
    (10) Stempel, Brief, Telegramm, Schalter,
        Paket   (   )

53   Wie ist . . .? Was hat . . . ? Was kann . . . ?

A   Welche der Merkmale haben die dargestellten Dinge, welche
    mußt du streichen?

ist schön
macht Freude
ist klug
hat Wurzeln
stinkt
welkt
ist eine Pflanze
kann sprechen

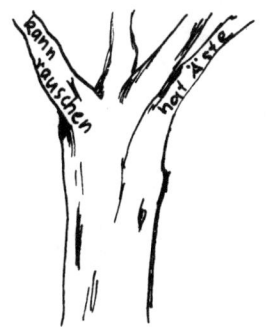

ist nützlich
wird grün
hat Geld
hat Äste
singt
wird alt
ist lustig
kann rechnen
kann rauschen
schützt

denkt
ist böse
hat Arme
kann rennen
bekommt Noten
kostet Geld
frißt
ist ein Freund
bellt
ist ein Fisch

hat Türen
bekommt Kinder
ist gut
wächst
hat ein Dach
schützt vor
Regen
reist gern
nützt den Men-
schen
brennt
dient zum Woh-
nen

45

hat zwei Beine
kann denken
ist ein Mensch
hat Fenster
ist jung
hat Eltern
wird eine Frau
hat einen Körper
kann lachen
lernt

lebt
man liest es
hat Seiten
hat Haare
ist interessant
gibt Wissen
ist blau
ein Mensch
schreibt es
ist dick oder dünn
macht Freude

54 Namenkundliches

F Stelle fest, welche Wörter hinter den angegebenen „Namen"
stecken! Suche selbst weitere!

Adam Sapfel; Ali Bi; Alma Nach; Angela Benteuer; Anka Ufen;
Andre As; August Apfel; Bob Bahn; Dan Keswort; Dick Wanst;
Elli Ptisch; Ellen Lang; Ernst Fall; Edi Tor; Gela Tine; Heli Kop-
ter; Hera Us; Hinz Aubern; Heinz Elmann; Hans Wurst; Ina Dä-
quat; Julia Bend; Kai Serlich; Kate Ridee; Kati Onen; Kurt Axe;
Lotte Rielos; Linde Nast; Lili Putaner; Leo Pard; Maik Äfer;
Mark Knochen; Max Imum; Meta Physik; Mina Rett; Mira Belle;
Nick Elbrille; Niko Tin; Mara Thon; Roman Istik; Tom Bola;
Ole Ander; Otto Motor; Pat Enkind; Reiner Trag; Resi Denz;
Resi Stenz; Rosi Nenbrot; Sam Stag; Toni Kum

55 Assoziationen

A Bilde eine Assoziationskette mit möglichst vielen Gliedern!

Mündlich in der Gruppe oder schriftlich in Einzelarbeit.

Beispiel: Hund – Halsband – Schmuckstück – Ring – Diamant
– . . .

56 Spaßiges Städteraten

F Finde die Namen der Städte, die hier umschrieben werden!

Beispiel: In welcher Stadt lebt man schwer? → **Schwerin**

- In welcher Stadt wird man alt?
- In welcher Stadt lebt Anna gern? Und in welcher wohnen Moritz, Rudolf, Ludwig und Marie?
- In welcher Stadt gibt es noch wilde Tiere?
- Welche Stadt ist sehr sauber?
- In welchen Städten gibt es viele Bäume verschiedener Arten?
- In welcher Stadt hat man's eilig?
- In welcher Stadt ist es sehr kalt?
- In welchen Orten geht es den Vögeln gut?
- In welcher Stadt ist es finster?
- In welcher Stadt lebt man nur halb?
- Welcher Ort liegt hoch?
- Welche Stadt ist klein?
- In welchen Städten und Orten ist man sehr tierlieb?
- Welche Stadt ist neu?
- Welche Stadt liegt im Norden?
- Welche Stadt ist reich?
- Welcher Ort ist schön?

57 Welches O ist immer dagegen?

F Finde die Wörter, deren Anfangsbuchstaben gegeben sind!

Beispiel: Welches O ist immer dagegen? → Opposition

- Welches A ist nie am Ende?
- Welches B ist immer rund?
- Welches C macht Spaß?
- Welches D ist nicht klug?
- Welches E schreit i-a?
- Welches F ist immer falsch?
- Welches G ist kostbar?
- Welches H ist niemals satt?
- Welches I hat Stacheln?
- Welches J ist immer traurig?
- Welches K ist immer laut?
- In welchem L kann man sich verirren?
- Welches M ist immer das kleinste?
- Auf welchem N liegt immer Schnee?
- Welches O wärmt?
- In welchem P kann man sich erholen?
- Welches R liegt an der Ostsee?
- Welches S macht den Urlaub schön?
- Zu welchem T gehören meist zwei?
- Welches U kann es kaum erwarten?
- Welches V hat keine Zukunft?
- Welches W ist immer naß?
- Welches X hat einen schlechten Ruf?
- Welches Y ist eine Stadt?
- Welches Z hat Geschmack?

58 Tierisches

F In dem Brief haben sich 15 Tierbezeichnungen versteckt. Wer findet sie alle?

Liebe Ruth!
Am Sonntag fuhren wir mit dem Dampfer „Dresden" in die Sächsische Schweiz. In Bad Schandau stiegen wir aus. Frisch wanderten wir das Kirnitzschtal aufwärts. Am Lichtenhainer Wasserfall bogen wir rechts ab zum „Kuhstall". Am meisten mußte sich Georg anstrengen, doch auch er schaffte den Aufstieg. Es kam selbst der Opi mit. Wir sahen neben dem fünf-

hundertfünfzig Meter hohen Winterberg noch sehr viele andere Schönheiten. Doch wir mußten uns auf dem Heimweg sputen, um das letzte Schiff zu erreichen.

Es grüßt Dich Dein Bruder Pelka

59 Versteckte Bäume

F   Finde 14 Bäume, deren Namen im Text stecken!

Meine Februarferien verlebte ich in diesem Jahr in Berlin. Der erste Tag war verregnet. Tante Klärchen ging mit mir ins Sport- und Erholungszentrum. An den Schachbrettern herrschte reger Betrieb. Ohne schulmeisterlich zu sein, bringen dort erfahrene Fachkräfte den Interessenten die Schönheiten des Schachspiels näher. Man spielte auch simultan. Nebenan ist der Fitneßraum. Da kann sich mancher eine Scheibe abschneiden. Ein Schüler aus Buch erklomm die Kletterstange schnell wie ein Äffchen. Er hatte Spezialturnschuhe dazu an. Doch man sah es, seine Muskeln sind nicht von Pappe. Lustig anzuschauen war auch, wie die Ping-Pong-Spieler eifrig dem Ball nachjagten. Patsch! Da bekam ihn einer an den Kopf. Ich teile allerdings Tantes Interesse für Ballspiele nicht so sehr. Doch am Sonntag ging ich mit ihr zum Handballturnier wieder hin. Da spielten sogar Sportler aus Nepal. Meine Tante war von dem Spiel begeistert.

Ein Erlebnis war auch die Eisbahn. Fesche Mädchen drehten dort ihre Runden. Ich habe es dann auch gleich einmal probiert.

60 Blumenwiese

F   Im folgenden Text sind 23 Blumennamen versteckt. Wie heißen sie?

Liebe Lili! Einen herzlichen Gruß sende ich Dir.
Ob Du diese Krakelei wohl lesen kannst?
Ich möchte Dich gern besuchen, je länger je lieber! Du fragst, ob ich nicht überhaupt in Gera wohnen möchte. In Gera nie, schon das Pflaster stört mich. Aber ich komme gern zu Dir,

möchte mich bei Dir sonnen, Blumen pflücken und mich mit Deinem lieben Stiefmütterchen unterhalten. Können Elke, Annerose und Fuchsi eigentlich auch kommen? Das wäre schön!

Und nun horch, Ideen sind gefragt! Für ein Preisausschreiben sollst Du ein paar Fragen beantworten, dann kannst Du tausend schöne Dinge gewinnen:

Hast Du schon im Mai Glöckchen läuten hören?

Lieben Gänse Blumen?

Haben Löwen Zahnschmerzen?

Tragen Kaiser Kronen?

Ritter spornen ihre Pferde an, tragen sie dabei einen Eisenhut?

Haben Gerber auch Stulpenstiefel?

Welches Souvenir ist nach Deinem Geschmack?

Vergiß mein nicht!   Deine Annerose

61 Wer sucht, der findet!

F   In dem Brief haben sich 32 geographische Eigennamen versteckt. Die meisten bezeichnen deutsche Städte, Flüsse und Gebirge. Ein Atlas kann helfen!

Liebe Anna, Berge und Täler liegen zwischen uns. Mal ist meine Laune gut, mal ist es schwer, in weißen Felsen und zwischen alten Burgen, Wald, wo es nach Tannenharz duftet, Erz, Gebirge allein zu sein – hier, wo Verkehrsmittel stereotyp ausfallen oder zu spät kommen. Ich seh alle drei Tage einen Bus, zwei marineblaue Autos, je nach Wetter noch vier oder fünf Radfahrer. Kahl auch viele Berge, Erzlager an ihrem Fuß, Eisenhütten. Stadt und Kultur sind weit, das ist für mich neu. Haus und Hof sind ganz einsam. In einer Furt durchquere ich den Fluß. In einer Mulde hat sich Wasser gesammelt, wo sich in der Sonne Berge und Höhen spiegeln. Zwischen Schnee, Bergen und Eis leben, von Eis seither träumen, keine Vögel belauschen, nicht inmitten von Wiesen baden können, statt Grün viel Weiß, Wasser meist gefroren. Vielleicht lernt man diese Landschaft lieben. Werd auch versuchen, mich einzuleben, aber so ganz Deines

Ludwigs Lust ist es nicht. Du solltest mich nicht deshalb rügen, sondern an mich denken.

Mein liebes Herz, Berg und Tal können uns nicht trennen!

Dein Ludwig

62 Signalfarbe Rot

A Du hörst eine Geschichte, in der verschiedene Wörter ausgelassen sind. An dieser Stelle wird jeweils eine rote Karte gezeigt. Notiere das fehlende Wort!

Der Spielleiter erzählt eine Geschichte, läßt dabei Wörter aus und zeigt stattdessen eine rote Karte. Am Ende wird der Originaltext mit den Lösungsangeboten der Schüler verglichen. Ausgelassen werden können Adjektive, Substantive, Verben, aber auch Präpositionen, Artikel usw.

63 Das versteckte Wort

A *Ein Spieler geht vor die Tür. Die anderen vereinbaren ein Wort. Jeder bildet einen Satz, in dem dieses vorkommt. Das Wort ist von dem Spieler zu erraten.*

Schwieriger ist es, wenn statt der unzusammenhängenden Sätze eine Geschichte improvisiert wird oder wenn das Wort eine Präposition, Konjunktion oder ein Pronomen ist.

Der Spieler, aus dessen Satz das Wort erraten wird, geht als nächster vor die Tür.

64 Ich setze meinen Hering auf

A *Ein Spieler verläßt den Raum. Die anderen bestimmen ein Wort, das zu erraten ist, z. B. „Hut", gleichzeitig ein anderes als Ersatzwort, z. B. „Hering".*

Der hereingerufene Spieler stellt den anderen Ergänzungsfragen, um das Wort zu raten, beispielsweise: „Was hast du heute getan?" In der Antwort müßte das richtige Wort vorkommen, stattdessen wird das Ersatzwort genannt, also etwa: „Ich stand

auf, nahm meinen Hering von der Garderobe, setzte ihn auf,
..."

65 Würfeln und Wissen

F *Das Spiel erfordert Vorbereitung. Analog zu den Augen eines*
Würfels sind zu sechs vom Lehrer festzulegenden Sachgebieten
Fragen vorzubereiten. Denkbar wäre etwa:

1 = Musik, 2 = Verhalten im Straßenverkehr, 3 = Sport, 4 =
Fernsehen/Kino, 5 = Kleidung, 6 = Unterricht.

Die Klasse wird in zwei oder drei Gruppen eingeteilt. Aus jeder
Gruppe wird ein Spieler bestimmt. Der Spieler der Gruppe A
beginnt mit dem Würfeln. Mit dem ermittelten Wort wird das
Sachgebiet festgelegt, zu dem der Lehrer eine Frage stellt. (Die
Fragen können auch gezogen werden.)

Beispiel: Sport – Nenne drei Ballspielarten!
        oder: Welche Ballspielarten kennst du? Nenne min-
        destens drei!
        Musik – Welches Blasinstrument ist dir bekannt?
        Unterricht – Wie heißt der Komparativ zu „hoch"?

Hat der Schüler richtig geantwortet, bekommt seine Gruppe ei-
nen Punkt, und er darf weiterwürfeln. Es folgt die nächste Fra-
ge usw. Bei einer falschen Antwort ist der Vertreter der Gruppe
B an der Reihe. Nach diesem Prinzip wird das Spiel im Rah-
men einer festgesetzten Zeit weitergeführt.

Varianten
(1) Der Vertreter der Gruppe ermittelt das Sachgebiet und
    stellt einem Mitglied seiner Mannschaft Fragen.
(2) Die Schüler bereiten selbst Fragen zu den Sachgebieten vor.

Sieger ist die Mannschaft, die in einer bestimmten Zeit die mei-
sten richtigen Antworten gegeben hat.

66 Allgemeinbildung groß geschrieben!

A Schreibe zu einem vorgegebenen Sachgebiet möglichst viele Bezeichnungen auf!

Ein Spieler nennt ein Sachgebiet (z. B. Geographie, Musik, Sport u. a.). Die anderen notieren möglichst viele Bezeichnungen.

Varianten
Das Spiel wird schwieriger, aber auch variationsreicher, wenn Anfangsbuchstaben vorgegeben werden (z. B. Schule: K → Kreide, Klasse, Kugelschreiber, Karte, . . .)

67 Wir bestellen ein Wortfeld

F Stelle zu dem Ausgangswort ein Wortfeld zusammen!

Beispiel: Schauspieler → Rolle – Kostüm – Schminke – gestikulieren – . . .

Die Spieler schreiben zu einem vorgegebenen Wort ein Wortfeld auf. Sieger ist, wer in einer vorgegebenen Zeit die meisten Wörter findet.

Varianten
mündlich als Mannschaftswettbewerb

68 Häppchenweise

F Finde die Bezeichnung für den Gegenstand oder die Person! Achte genau auf die Information!

In normalem Sprechtempo (mit kurzen Pausen) werden Angaben gemacht, die zu dem zu suchenden Begriff in Beziehung stehen.

Beispiel: – Volkslied – Singspiel – Komponist – 20. Jahrhundert – UNESCO – Ungarn – . . . → Zoltán Kodály
– Modezeitung – Nadel – Schere – Beruf – Anprobe – Nähgarn – Frau – . . . → Schneiderin

- Bildung – Sprache – Grammatik – Konversation – Leistungskontrolle – Lehrbuch – ... → Sprachunterricht
- Universitätsstadt – Messe – Sinfoniekonzert – 180 Musiker – größtes deutsches Orchester – ... → Leipziger Gewandhausorchester
- Bühne – Schauspieler – Desillusionierung – V-Effekt – Brecht – ... → Episches Theater
- Bildschirm – Informationen – Wetterbericht – Fakten – Beruf – Mann – ... → Nachrichtensprecher im Fernsehen

Sieger ist, wer als erster, also mit den wenigsten Informationen, die Lösung nennt.

69 Umständliche Verwandte

A Nenne die Verwandtschaftsbezeichnungen!

- der Sohn meiner Schwester
- der Bruder des Bruders meiner Mutter
- der Sohn meiner Tochter
- die Tochter der Tochter meiner Tochter
- der Bruder meiner Schwester
- die einzige Tochter meiner Oma
- der Vater des Vaters meines Bruders
- der Sohn meines Onkels
- die Schwester meines Mannes
- die Mutter der Schwester meiner Mutter
- die Tochter der Tochter meiner Uroma
- der Sohn des Opas meiner Mutter

70 Wörter und Bilder

A *Jeder Schüler malt 5 Gegenstände auf 5 Kärtchen und schreibt die Bezeichnung der Gegenstände auf 5 weitere Kärtchen. Alle Karten mit den Bildern, die hergestellt wurden, werden an die Mitspieler verteilt. Die Karten mit den Wörtern liegen ungeordnet und verdeckt auf dem Tisch. Ein Spieler zieht ein Kärtchen*

und liest das Wort vor. Der Spieler, der das Bild dazu hat, wiederholt das Wort, bekommt das Kärtchen und deckt damit das Bild zu. Sieger ist, wer zuerst alle Bilder verdeckt hat.
(Die Kärtchen sollten gemeinsam hergestellt werden, damit alle gleich sind.)

71 Tempo, Tempo!

A *Jeder Spieler fertigt drei Kärtchen an, auf denen Sammelbegriffe stehen, z. B. Sportarten, Möbel, Speisen, Getränke, Unterrichtsfächer, Berufe, Flüsse, Körperteile usw. Die Kärtchen werden alle verdeckt auf den Tisch gelegt. Die Mitspieler nehmen der Reihe nach jeweils ein Kärtchen auf und nennen den Sammelbegriff. Der Spielleiter schreibt einen Buchstaben des Alphabets an die Tafel, und alle bemühen sich, so schnell wie möglich ein passendes Wort zu finden, das mit diesem Buchstaben beginnt. Der Schnellste bekommt das Kärtchen. Wenn niemand ein geeignetes Wort findet, muß ein anderer Buchstabe angegeben werden. Wer die meisten Kärtchen bekommt, ist Sieger.*
Mit jedem gefundenen Wort könnte auch ein Satz gebildet oder die Wörter könnten in einem gemeinsam zusammengetragenen Text verwendet werden.

72 Wer weiß Bescheid?

F Jeder Spieler bereitet zweierlei vor:
   – einen Tip-Zettel für so viele Antworten, wie die Gruppe Mitspieler hat,

Tips	A	B	C
1.			
2.			
3.			
4. usw.			

– eine (oder mehrere) Frage(n) zur Landeskunde, Geographie, Musik, Kunst, Biologie usw. mit drei Auswahlantworten.
Die Fragen und die Auswahlantworten werden vorgelesen, die Mitspieler kreuzen die Antworten an, die sie für richtig halten.

Beispiel: Was ist die populärste Sportart?
A. Reiten B. Fußball C. Tennis

Wo steht das Hygiene-Museum?
A. in München B. in Hamburg C. in Dresden

73 Gleich gesprochen – verschieden geschrieben

F In den folgenden Sätzen fehlen Wörter, die gleich gesprochen und verschieden geschrieben werden (man nennt sie Homophone). Fülle die Lücken!

– Der Dichter schrieb . . ., der Läufer verletzte sich an der . . .
– Der Fischer fängt . . ., der Schuster braucht eine . . .
– Er ärgerte den Hund so lange, . . . er . . .
– Der Lehrer . . . Russisch, der Postangestellte . . . den Briefkasten.
– Wenn alles Wasser auf Erden verdunstet, gibt es kein . . . . . .

74 Gleich geschrieben – unterschiedlich gesprochen

Und nun ein paar Wörter, die man gleich schreibt, die aber unterschiedlich gesprochen werden können (Homographe).

F Lies sie und erkläre jeweils ihre Bedeutung!

– Wir rasten.
– Übersetzen will gelernt sein.
– Montage

75 Gleich und doch nicht gleich

F Denke daran, daß es Wörter gibt, die völlig gleich sind und doch verschiedene Bedeutungen haben (Homonyme)! Wie heißt die Antwort?

– Welcher Hahn kann nicht krähen?
– Welcher Hering hat keine Kiemen?
– Welche Mutter kriegt nie ein Kind?
– Auf welcher Bank kann man nicht sitzen?
– Welche Miete bezahlt man nicht?
– Welcher Schimmel braucht keinen Stall?
– Mit welchem Kamm kämmt man sich nicht?

76 Prämie für fixe Homonymisten!

F Suche für jedes Substantivpaar das entsprechende Homonym!

Beispiel: Tanzvergnügen – Spielzeug   → Ball
           Benehmen – Jagdsitz   → Anstand

– Spielkarte – Genie   – ?
– Steigegerät – Vorgesetzter   – ?
– Druckeinheit – Schanktisch   – ?
– Ansammlung aufgeregter Men-
   schen – überbackene Speise   – ?
– Nadelbaum – Knochen   – ?
– Überzug an Eisen – Gitterboden   – ?
– Heilmittel – Straßenbelag   – ?
– Sitzgelegenheit – Geldinstitut   – ?
– Teil aus Metall zum Schrauben –
   Verwandte   – ?

77 Errate die Homonyme!

F – In der Natur kann ich als Frau in vielen Farben prangen.
    Als Mann muß ich im Haus die Gäste empfangen.

   – Als Neutrum ein Einlaß, meist aus Holz,
     als Mann ziemlich dumm und manchmal auch stolz.

   – Ich kann sicher Wunden schützen,
     bin zum Laufen auch zu nützen.

   – Meist bin ich rund,
     viereckig nur mit dem Sport im Bund.

– Ich habe Zähne, kann aber nicht kauen,
als Teil eines Berges will ich bis in die Wolken schauen.

– Schütz ich vor Dieben, bin ich klein,
doch groß - wollen Reiche in mir sein.

– Weiblich wachsen Nadeln mir,
männlich Zähne, mehr als vier!

– Ein Mensch, der mir sehr nahesteht
oder – was man an eine Schraube dreht.

– Sie hat nicht ein bißchen Mut,
doch als Frucht – da ist sie gut!

– Ich kann sein ein Federtier,
kann auch geben Wasser dir.

– Am liebsten möcht ich Künstler sein,
bin aber auch ein Vogel klein,
eine Augenkrankheit gar!
Ruf mich nur! Ich bin ein . . .!

– In jedem Falle bin ich weiß –
als Pferd oder auf verdorbener Speis'.

– Als Blumengebinde bin ich bekannt,
als Vogel steck ich den Kopf in den Sand.

– Heftig knallen kann ich schon,
dann bin ich 'ne Munition.
Aber auf ganz andre Weise
bin als Stockwerk ich ganz leise.

78 Mißverständnisse

F Erkläre, worin das Mißverständnis besteht!

– Hans: Mich weckt jeden Morgen ein Hahn.
  Rolf: Da mußt du eine neue Dichtung einsetzen!

– Hans: Ich habe Platzangst.
  Rolf: Iß weniger!

– Hans: Ich mag alte Schlösser.
  Rolf: Ich auch. Man bekommt sie leichter auf.

– Hans: Ich habe am Sonnabend meine Bank frisch gestrichen.
  Rolf: Alle Achtung! Bei dem großen Gebäude mußtest du
  dich aber anstrengen!

– Hans: Gestern wurde unsere Straße gesprengt.
  Rolf: Wie viele Autos sind denn dabei in die Luft geflogen?

– Hans: Mutti hat einen großen Strauß zum Geburtstag bekommen.
  Rolf: Was frißt der denn?

79 Widerspruchsgeist

A Nenne ein Antonym!

*Es werden zwei Gruppen gebildet. Einer aus der ersten Gruppe
nennt ein Wort, einer aus der zweiten das / ein Antonym. Ausscheiden muß, wer ein Wort nennt, zu dem es kein Antonym gibt
bzw. wer das Antonym nicht weiß.*

Varianten
Es können auch Ober- oder Unterbegriffe gefragt sein.

80 Gegensätzliches

A Finde die Antonyme!

*Die Spieler sitzen im Kreis. Einer wirft einem anderen einen
Ball zu mit einer geeigneten Bemerkung, etwa: „Es ist heiß."*

Der Spieler reagiert: „Nein, es ist kalt." Oder: „Mein Buch ist alt." Antwort: „Meins ist neu!" usw.

Varianten

(1) Anstelle der Adjektive können auch substantivische oder verbale Antonyme gefordert werden.

(2) Es werden adjektivische Antonyme innerhalb von Wortgruppen verwendet.

Beispiel: Ich trage am liebsten Schuhe mit hohen Absätzen. – Ich solche mit niedrigen / flachen.

81 Hier heißt es Farbe bekennen!

A Entscheide, ob die folgenden Wortpaare Gegensätze bezeichnen!

Die Spieler sitzen im Kreis.
Den Spielern werden Paare aus Wörtern, Wortgruppen oder Wendungen genannt, die zum Teil Gegensätze darstellen, zum Teil nicht. Die Entscheidung „falsch" oder „richtig" wird mit Hilfe von Signalkarten getroffen. Spieler, die die falsche Karte zeigen, scheiden aus.

Beispiel: Tag – Nacht (richtig)
           ein tiefes Wasser – ein hohes Wasser (falsch)
           das Barometer steigt – das Barometer fällt (richtig)

82 Widersprüche erkennen

F Jeder der folgenden Sätze enthält einen lustigen Widerspruch. Finde ihn!

– Der Augenarzt fühlt dem Patienten auf den Zahn.
– Ein Stubenhocker ist aus dem Häuschen.
– Der Vetter macht sich dünn.
– Die Mutter blickt ihren Sohn unverwandt an.
– Ein Nackter macht sich auf die Socken.
– Ein Porzellanarbeiter leistet sich große Sprünge.
– Ein Fliesenleger gerät aus den Fugen.

– Er ist ein eingefleischter Vegetarier.
– Ein Autofahrer ist immer auf dem laufenden.
– Ein Esel büffelt.
– Ein Fuchs luchst nach einem Hasen, weil er einen Wolfshunger hat.

83 Scheinbare Widersprüche bilden

F In den folgenden Sätzen sollst du Wörter ergänzen, durch die ein Widerspruch entsteht!

– Der Oberkellner trägt . . .hosen.
– Ein Hund hat . . .jammer.
– Einer Katze ist es . . .elend.
– Ein Rinderzüchter möchte sein . . . ins trockene bringen.
– Ein Langfinger stiehlt . . .waren.
– Eine weiße Maus sieht wegen eines . . .fahrers rot.
– Ein Glatzkopf findet die Sache . . .sträubend.
– Eine Frau steht ihren . . .
– Ein Bäcker ärgert sich . . .
– Der Eigentümer einer Gasheizung sitzt wie auf . . .

84 Lustige Widersprüche

F Kombiniere die folgenden Wörter und Wendungen mit anderen Bezeichnungen, so daß lustige Widersprüche entstehen!

Beispiel: Ein **Geiger** haut auf die **Pauke.**

jmdn. vermöbeln – jmdn. auf die Schippe nehmen – jmdn. verkohlen – Heißhunger haben – gefeuert werden – kariert – unverblümt – Eisbein – Schwachstrom – Hellseher

85 10mal vermischt und vermengt

F Finde heraus, worin in den folgenden Sätzen jeweils das Wortspiel besteht!

- Übrigens macht Klatschen mehr Spaß als Applaudieren.
- Übrigens muß man manchmal für Dinge geradestehen, für die man keinen Finger krumm machen wollte.
- Übrigens gibt es noch Betriebe, in denen trotz vieler Neuerer alles beim alten bleibt.
- Übrigens gibt es Leute, die können jemandem gleichzeitig um den Hals und in den Rücken fallen.
- Übrigens kann man auch mit einem Winkelzug entgleisen.
- Übrigens kann man auch ohne Schaden klug werden.
- Übrigens ist unter den Schweigern der Doppelzüngige König.
- Übrigens muß man ganz schön aufrunden, um nicht anzuecken.
- Übrigens wird aus zwei Halbheiten nichts Ganzes.
- Übrigens wird Kitsch nach allen Regeln der Kunst hergestellt.

86 Vorwärts und rückwärts zu lesen

F Suche Wörter, die vorwärts und rückwärts gelesen gleich sind!

Beispiel: Otto, Retter, Rentner, Reliefpfeiler, ...

87 Vorwärts und rückwärts zu deuten

F Suche Wörter, die rückwärts gelesen auch ein sinnvolles Wort ergeben!

Beispiel: Lager – Regal, Bart – Trab, euer – Reue

88 Eine zeitraubende Beschäftigung

F Lies die Sätze rückwärts!
Kannst du auch solche finden?

– Bei Liese sei lieb!
– Spart Raps!
– Ella rüffelte Detlef für alle.
– Sagt Gas!
– Leg' in eine so helle Hose nie 'n Igel!
– Leg' Raps neben Spargel!
– Nur du, Gudrun!
– Adieu, erfreue Ida!
– Bei Leid lieh stets Heil die Lieb.

89 Umdrehgeschichten

F Erzähle zu einem der folgenden Wortpaare eine „Umdrehge-
schichte", in der die beiden Wörter eine Rolle spielen!

| lieb – Beil | Regal – Lager | grub – Burg |
| Trab – Bart | Nebel – Leben | euer – Reue |

Syntaktisches

90 Sätze, die nach vorn losgehen

F Verlängere Sätze nach dem Muster „Das ist . . ." sinnvoll nach vorn!

Beispiel: Das ist der Garten von Onkel Hans.
Das ist das Haus im Garten von Onkel Hans.
Das ist der Tisch vom Haus im Garten von Onkel Hans.

. . .

Wer keine Ergänzung weiß, den bisherigen Satz nicht vollständig wiederholt oder die Reihenfolge vertauscht, scheidet aus.

91 Schnellsprecher gesucht

A *Je zwei Spieler bilden die Vertreter ihrer Mannschaft. Die Aufgabe besteht darin, in 30 Sekunden einen möglichst langen Satz zu bilden, wobei der Satz wortweise aufgebaut wird. Jeder der Spieler fügt im Wechsel ein Wort hinzu, muß aber vorher die bisherigen Bestandteile wiederholen.*

Beispiel: Spieler A
Der
(Der Hund) und
(Der Hund und die) Katze

Spieler B
(Der) Hund
(Der Hund und) die
(Der Hund und die Katze) laufen . . .

Varianten

F (1) Bei einer längeren Spielzeit auch für Fortgeschrittene geeignet.

(2) Es kann auch die gesamte Gruppe beteiligt werden – der Reihe nach auf Zuruf. Wer nicht fortsetzen kann, scheidet aus.

Beim Mannschaftswettbewerb ist Sieger das Spielerpaar mit dem längsten sinnvollen und korrekten Satz.

92 Je länger, je besser

F *Ein Spieler sagt einen einfachen Satz, zu dem der Reihe nach (sinnvoll und grammatisch korrekt) Satzglieder (Adverbialbestimmungen, Attribute usw.) hinzugefügt werden. Wer keine Verlängerung weiß oder nicht korrekt weiterführt, scheidet aus.*

Beispiel: Oma verreist. Oma verreist nach Ungarn. Oma verreist jeden Sommer nach Ungarn. Die liebe Oma verreist jeden Sommer nach Ungarn. Die liebe Oma verreist jeden sonnigen Sommer nach Ungarn. . . .

Varianten

(1) Das Spiel ist auch als Wettbewerb zwischen zwei Mannschaften möglich. Die Sätze werden abwechselnd von Mitgliedern der beiden Mannschaften weitergeführt (ohne feste Reihenfolge der Spieler). Sieger ist die Mannschaft, die noch Spieler hat, wenn die der anderen ausgeschieden sind.

(2) Man kann den Satz auch wieder abbauen.

93 Bunte Mischung

A *Jeder Spieler schreibt eine Warum-Frage auf einen Zettel, auf einen anderen die Antwort. Frage- und Antwortzettel werden getrennt voneinander gemischt. Anschließend erhält jeder Spieler wieder eine Frage- und eine Antwortkarte. Der erste stellt eine Frage, der nächste liest seine Antwort vor und stellt danach die nächste Frage.*

94 Warum − warum nicht?

Fordere deine Mitspieler zu etwas auf und begründe deine Aufforderung!

Die Spieler sitzen im Kreis. Einer fordert einen anderen auf, z. B. Wische die Tafel ab!
Dieser fragt nach dem Muster: Warum soll ich ...? Der erste findet eine Begündung. (Sie ist schmutzig / Weil sie schmutzig ist.) Der Frager fordert weiter auf.

Wer keine Aufforderung weiß oder nicht begründen kann, gibt ein Pfand.

95 Platzkartenpflichtig

A *An der Tafel steht eine Wortliste (Substantive) zu einem Thema, z. B. Einkaufen (Milch, Butter, Zucker, ...) oder Berufe oder Suche nach Verlorenem. Je eins dieser Wörter steht auf einer Karte; die Karten werden in gleicher Anzahl an die Spieler verteilt.*
Die Spieler sitzen im Kreis, ein Platz fehlt. Ein Spieler steht und fragt einen beliebigen Mitspieler (mit frei formulierten Fragen, in denen ein Wort aus der Wortliste vorkommt) nach einem Objekt der Liste. Dieser antwortet negativ oder positiv entsprechend seiner Karte. Wenn das richtige Objekt erfragt wurde, muß er dem Frager seinen Platz zur Verfügung stellen und selbst weiterfragen.

Fragemöglichkeiten: Haben Sie **Milch**? Trinken Sie gern **Milch**? Verwenden Sie **Milch** zum Kuchenbacken? Kaufen Sie **Milch** für Ihre Katze? usw.

96 Geflüstertes

A *Ein Spieler stellt dem Nachbarn flüsternd eine Frage, die der laut beantwortet. Die anderen müssen die gestellte Frage erraten.*

97 Besserwisserei

F Überlege dir Fragen zu einem bestimmten Gebiet (Geographie, Literatur, Sport usw.)!

Einem Spieler werden so lange Fragen gestellt, bis er eine nicht beantworten kann. Dann wird er durch den Fragesteller abgelöst. Sieger ist, wer die meisten Fragen beantwortet.

98 Wer fragt, gewinnt!

F Ermittle mit Hilfe von Entscheidungsfragen das gedachte Wort zur Bezeichnung eines Gegenstandes, eines Sachverhalts, einer Person!

Ein Spieler legt für sich einen Begriff fest. Die Mitspieler ermitteln ihn mit Hilfe von Entscheidungsfragen zu Form, Funktion, Material, Ort u. a. Wird die Frage mit „ja" beantwortet, darf der gleiche weiterfragen, bei „nein" ist der nächste Spieler an der Reihe. Sieger ist, wer das Wort errät.

Varianten
Schneller und interessanter wird das Spiel, wenn nicht der Reihe nach vorgegangen wird. Wer eine Frage weiß, stellt sie.

99 Der rätselhafte Karton

F Ermittle mit Hilfe von Entscheidungsfragen den Gegenstand / die Gegenstände, die sich im Karton befinden!

In einem Karton befinden sich bestimmte Gegenstände (z. B. ein Handschuh, ein Tischtennisball, ein Lippenstift, ein Theaterprogramm, ein Lehrbuch o. ä.). Durch Entscheidungsfragen sollen die Gegenstände ermittelt werden.
Alle nehmen am Spiel teil. Jeder Teilnehmer darf eine Frage stellen (nach Funktion, Material, Form, Farbe usw.). Bei einer Ja-Antwort darf der Betreffende weiterfragen, bei einer negativen Antwort ist der nächste Teilnehmer an der Reihe.

Varianten

(1) Es wird angegeben, aus welchem Sachbereich der Gegenstand stammt.

(2) Ein Teilnehmer schreibt die Bezeichnung für einen Begriff verdeckt an die Tafel (z. B. aus der Geschichte, Geographie u. a. Auch Abstrakta sind möglich). Der Schüler leitet dann das Frage-Antwort-Spiel selbst.

100   Ein Krokodil fliegt zum Nordpol

A   *Es sind Sätze zu bilden, deren Satzglieder die Fragen Wer? Was? Wann? Wohin? beantworten.*
Auf einem Zettel sind vier Spalten mit den genannten Fragewörtern vorbereitet. Jeder Spieler schreibt ein Satzglied und faltet den Zettel. Die so entstehenden kunterbunten Sätze werden vorgelesen.

101   Quartett mit Phantasie

F   *Je vier Karten werden nach dem Modell*

A	B	C	D
Wer?	tut was?	wo / wohin?	wann? *beschriftet.*

Jeder Spieler bekommt gleich viele Karten A, B, C, D und muß versuchen, <u>richtige</u> Sätze daraus zu „basteln" (nach dem Muster und den Regeln von gewöhnlichen Quartett-Spielen).

Beispiele für die Beschriftung der Karten:

A	B	C	D
Goethe	reiste	1786	Italien
F. Schubert	komponierte	im 19. Jahrh.	Wien
K. Marx	traf Engels	1844	Paris
F. Engels	nahm an der Rev. teil	1848	Deutschld.
Mozart	lebte	bis 1781	Salzburg
Schiller	schloß Freundsch. mit Goethe	1794	Jena
Lessing	wurde geboren	1729	Kamenz
Einstein	emigrierte	1933	USA

| A. Schweitzer war Leiter | seit 1913 | Lambarene |
| M. Luther schlug seine Thesen | 1517 | Schloßkirche zu Wittenberg |

Die sich ergebenden Sätze sind in der grammatisch korrekten Form vorzulesen.

Das Spiel kann von den Lernenden selbst hergestellt werden, indem landeskundliche Fakten zur Grundlage genommen werden.

102 Wie heißt die Parole?

F Denk dir ein Wort! Die Buchstaben in der gegebenen Reihenfolge sollen die Anfangsbuchstaben der Wörter eines Satzes werden. Die Mitspieler nennen möglichst schnell das Codewort.

Beispiel: DRAMA → Da rennen am Montag alle.

Jeder Spieler nennt seinen Satz. Wer als erster drei Codewörter geraten hat, ist Sieger.

Varianten
(1) Aus den Buchstaben eines vorgegebenen Wortes sind von allen Mitspielern möglichst originelle Sätze zu bilden (mündlich oder schriftlich).
(2) Der Schwierigkeitsgrad ist zu steigern, wenn ein Thema für die zu bildenden Sätze festgelegt wird.

103 n-Verbot

F Bilde Sätze, in denen ein bestimmter Buchstabe nicht vorkommt!

Der Spielleiter nennt jeweils einen Buchstaben; die Spieler bilden Sätze, in denen dieser Buchstabe nicht vorkommt. Sieger ist, wer die meisten sinnvollen und grammatisch korrekten Sätze bildet. Die Aufgabe wird schwieriger, wenn man im Deutschen sehr häufig vorkommende Buchstaben wählt.

104 Scharfer Beobachter gefragt!

A Stelle fest, was sich an deinem Mitspieler verändert hat!

Ein Teilnehmer verläßt den Raum und nimmt eine Veränderung an seinem Äußeren vor (Ärmel hochkrempeln, Jacke aufknöpfen usw.). Wer als erster die Veränderung feststellt, darf als nächster den Raum verlassen.

105 Schauspielerisches

A Stelle eine Person mit einer bestimmten Eigenschaft dar (einen frechen Menschen, einen Angsthasen usw.)! Du kannst das durch Mimik und Gestik tun und auch dazu sprechen.

Ein Schüler bekommt den Auftrag vom Lehrer, die anderen haben die dargestellte Eigenschaft zu benennen.

106 Was tue ich?

A *Auf Karten stehen Verben (Tätigkeiten)*
oder Substantive (Berufe / Tiere / Gebrauchsgegenstände)
oder Adjektive (hoch, klein, rund, . . .)
oder Wendungen (Tätigkeiten) (Baby wickeln, Fleck entfernen, Wanne reinigen, . . .)
Jeder Spieler zieht eine Karte und stellt das Entsprechende pantomimisch dar, die anderen raten und bezeichnen die Handlungen.

Varianten
Geht auch als Mannschaftsspiel, wo jeweils die Gegenmannschaft rät.

107 Lauter Unsinn!

A Stellt einander Nonsensfragen und beantwortet sie möglichst witzig!

Beispiel: Warum trägst du immer eine Konservendose als Hut?
Warum fotografierst du gern Füße?
Warum schläfst du immer in der Badewanne?

108 Unsinnige Sätze

Verbinde die Angaben nach dem folgenden Muster (also grammatisch korrekt) zu Nonsenssätzen und finde weitere!

A geht	in / zu / nach B u.	fragt nach C
Unser Lehrer	Schule	Schiedsrichter
Ein Fußballspieler	Arzt	Bahnhof
Ein Kamel	Zoo	Garderobe
Der Polizist von nebenan	Kino	Ausgang
Eine Sängerin	Wald	Metro
Ein Elefant	Polizei	Schwimmbad
Der Weihnachtsmann	Friseur	Sauna
Robinson	Berlin	Perücke

Das hört D	und spricht mit E.	Der sagt:
Zahnarzt	Psychiater	Ich möchte lieber Grießbrei.
Schornsteinfeger	Taxifahrer	Hast du auch Zahnausfall?
Bürgermeister	Installateur	Sprechen Sie lauter!
Taschendieb	Lokführer	Lieben Sie Goethe auch?
Tierpfleger	großer Blonder	Das kostet eine Mark.
Mücke	Venus	Ich habe keine Glatze!
Schnecke	zwei Pantoffelhelden	Braucht ihr ein Taschentuch?
Columbus	Mozart	Ich kann nicht singen!

109 Wechselnde Gefühle

F *Der Spielleiter schreibt Wörter oder Sätze an die Tafel. Die Spieler sollen sie so sprechen, daß die verschiedensten Gefühle (Staunen, Bewunderung, Schreck, Ärger usw.) ausgedrückt werden. Die anderen benennen das jeweils ausgedrückte Gefühl und betten die Wörter / Sätze in einen kleinen Kontext ein.*

Beispiel: Schön! → Bewunderung
Ulrike hat ein neues Kleid bekommen. Als sie damit in die Schule kommt, sagt Elke bewundernd: „Schön!"

Schön? → Zweifel
Aber Udo gefällt das Kleid nicht so gut. „Schön? Gefällt dir das wirklich?"

Machst du das jetzt! → Zorn
Machst du das jetzt? → Angst
Machst du das jetzt? → Erwartung

110 Zungenzerbrechlich

A Sprich die Zungenbrecher möglichst schnell und ohne Fehler!

- Bürsten mit schwarzen Borsten bürsten besser als Bürsten mit braunen Borsten.
- Esel fressen Nesseln nicht, Nesseln fressen Esel nicht.
- Kleine Kinder können keine kleinen Kirschkerne knacken.
- Töpfers Trinchen trägt tausend Töpfe, tausend Töpfe trägt Töpfers Trinchen.
- Hinter Hansens Hirtenhaus hab ich hundert Hasen husten hören.
- Ein Student mit spitzen Stiefeln
  stieß an einen spitzen Stein,
  stieß die Spitzen seiner Stiefel
  in den spitzen Stein hinein.
- Die Katze tritt die Treppe krumm, der Kater tritt sie grade.
- Blaukraut bleibt Blaukraut, und Brautkleid bleibt Brautkleid.
- Die Katze zerkratzt mit ihrer Tatze die Matratze;
  die Matratze zerkratzt die Katze mit ihrer Tatze.
- Wir Wismarer Waschweiber würden weiße Wäsche waschen, wenn wir wüßten, wo warmes Wasser wär.

- Erst klapperten die Klapperschlangen,
  bis dann die Klappern schlapper klangen.
- Nachbars Hund heißt Kunterbunt,
  Kunterbunt heißt Nachbars Hund.

111 Bilde selbst Schnellsprechverse!

F *Jeder Spieler der Runde setzt einen begonnenen Satz mit dem gleichen Anfangsbuchstaben eines Wortes fort.*

Beispiel: Mit – meiner – Mutter – möchte – meine – Mieze – mittwochs – Mäuse – mästen.

Endprodukt Text

112 Viele Menschen – viele Wörter – viele Texte

Gebrauche die folgenden Wörter in einem zusammenhängenden Text!

Jeder Spieler nennt ein beliebiges Wort, das aufgeschrieben wird. Die Wortsammlung soll in einem zusammenhängenden Text vorkommen.
Die Texte werden vorgelesen. Sieger ist, wer die originellste Lösung fand.

Varianten
(1) Der Text entsteht mündlich, indem jeder Spieler einzelne Sätze mit Bezug auf die vorangegangenen formuliert.
(2) Die Auswahl der Wörter kann auf ein bestimmtes Sachgebiet beschränkt werden.

113 Wo ist das Ende?

Es wird ein Thema genannt. Ein Spieler formuliert den ersten Satz und den Beginn des nächsten. Der nächste Spieler führt diesen Satz zu Ende und beginnt einen weiteren usw.

Beispiel: Glück muß man haben.
Herr Müller mußte zur Leipziger Messe fahren.
Er stellte den Wecker und /
ging am Abend zeitig ins Bett. Am nächsten Morgen /

114 Textketten

Durch Hinzufügen von Sätzen werden von den Spielern der Reihe nach Texte hergestellt.

Inhalte können sein:
Lebenslauf (eigener oder der einer bekannten Persönlichkeit)
Nacherzählung einer bekannten Geschichte / eines Märchens usw.
Wetterbericht
Vorgangsbeschreibung (z. B. Kuchen backen, ein Telefongespräch führen, . . .)
Gegenstandsbeschreibung eines vorhandenen Gegenstandes, bei dem auf eine gedanklich geordnete Darstellung zu achten ist
Erfundene Geschichte

Wenn ein Spieler eine gute Idee zur Fortführung hat, kann die Reihe unterbrochen werden.

115 Keiner wird vergessen!

F   Erzähle eine Geschichte, in der alle Mitspieler vorkommen!

116 Wer kennt den Beruf?

F   Du hörst jetzt, was bestimmte Menschen bei ihrer Arbeit tun. Errate ihren Beruf!

Der Lehrer hat je eine Berufsbezeichnung auf kleine Kärtchen geschrieben. Ein Schüler wird bestimmt, der allein die Berufsbezeichnung lesen darf. Seine Aufgabe besteht darin, Tätigkeitsmerkmale dieses Berufes zu nennen. Sobald von einem der Spieler der Beruf erraten wurde, wird dem die nächste Berufsbezeichnung gezeigt.

Beispiel: Mögliche Beschreibungselemente für „Taxifahrer": er steuert ein Auto – einen PKW – jeder kann mitfahren – gegen Bezahlung – das Auto hat ein besonderes Kennzeichen auf dem Dach – den Beruf gibt es vor allem in Städten – . . .

Varianten

(1) Wettbewerb zwischen zwei Gruppen. Jede Mannschaft stellt einen Sprecher.

(2) Umschrieben werden können neben Berufen auch Musikinstrumente, Sportarten, Fahrzeuge, Tiere, Länder u. a.

(3) Die Mitspieler stellen Entscheidungsfragen an den Schüler, der sich einen Beruf gedacht hat. Sie versuchen, den Beruf durch möglichst wenige Fragen zu erraten.

Beispiel: Arbeitest du im Freien?
　　　　　Verarbeitest du Metall?
　　　　　Ist es ein seltener Beruf? usw.

117　Alles gemeinsam

F　*Jeder Spieler bereitet ein Wortpaar vor, zwischen den beiden Wörtern sind 5 Gemeinsamkeiten zu finden. Sieger ist, wer die meisten Ideen hat.*

Beispiel: Tisch – Brille (sind Gebrauchsgegenstände / enthalten ein i / man kann sie tragen / sie können aus Kunststoff sein / sind von der Mode abhängig)

118　Kniffliger Text

F　*Jeder Spieler schreibt auf einen Zettel ein beliebiges Wort. Die Zettel werden verteilt. Nun schreibt der erste auf ein großes Blatt einen Satz, in dem sein gezogenes Wort vorkommt. Der nächste fügt einen Satz mit einem Wort hinzu, der zum vorhergehenden paßt. Nun wird der Zettel umgeknickt, daß jeder immer nur den unmittelbar vorausgehenden Satz lesen kann und einen passenden dazuschreibt.*
Der sich am Ende ergebende Text wird vorgelesen.

Varianten

(1) Es können mehrere Zettel wandern; es müssen keine Wörter vorgegeben werden, oder der Spielleiter kann die Wörter vorgeben.

(2) Man kann Themen vorgeben (Pausenereignis, Beschwerde-
brief, Sportfest usw.).

119   Horch, was kommt von draußen rein?

A   Flüstere deinem rechten Nachbarn den Namen einer Person
oder einer Persönlichkeit aus dem öffentlichen Leben, die alle
kennen, ins Ohr! Deinem linken Nachbarn sagst du leise einen
Gedicht- oder Liedanfang, ein geflügeltes Wort, einen Aphoris-
mus oder etwas Ähnliches!

*Ein gewandter Sprecher (z. B. der Spielleiter) improvisiert eine
Geschichte, möglichst aus dem Leben der Gruppe, in der das
folgende Muster in Variationen wiederkehrt:*
Wir gingen / kamen irgendwohin . . .
Dort trafen wir . . .
Er sagte . . .
*Jeweils an dieser Stelle, die in den Gesamtablauf der Erzäh-
lung eingebaut wird, wendet sich der Sprecher an einen Mit-
spieler:*
„Nun, wen trafen / sahen wir?
Was sagte er?"
*Der Spieler nennt dann die Persönlichkeit, die ihm der eine
Nachbar und die Worte, die ihm der andere gesagt hat. Es
kommt auf das Geschick des Sprechers an, daß eine humorvolle
Geschichte entsteht*

120   Irren ist menschlich

A   *Der Lehrer liest einen Text vor, in dem in jedem Satz ein Wort
nicht sinnrichtig gebraucht ist. Die Schüler heben Signalkarten, wenn ein falsches Wort erscheint, und korrigieren.*

Varianten
(1) Die Schüler schreiben jeweils das richtige Wort auf. Sieger
ist, wer alle Fehler bemerkt und korrigiert hat.

Beispiel: Monika hat Kopfschmerzen und geht zum Zahnarzt. Der Zahnarzt sagt: „Setz dich unter den Stuhl! Mach den Mund zu!" Monika fragt: „Aua, das tut weh!"

F (2) Für Fortgeschrittene kann man es auch mit einer lustigen „Lügengeschichte" versuchen:

Der Wolf und die sieben Katzen
Es war einmal eine Ziegenmutter. Die hatte sieben kleine Katzen, und weil diese besonders lieb waren, sagte sie eines Tages: „Liebe Kinder, ich will an den See fahren und Schokoladenfische für euch angeln. Seid schön brav und öffnet jedem, der anklopft, die Tür!" „Wir werden artig sein", sagten die Kätzchen. Als ihre Mutter fortgegangen war, setzten sie sich vor den Fernsehapparat. „Der Film riecht langweilig", sagte das kleinste Kätzchen. Da klopfte es an der Tür. „Macht auf, liebe Kinder!" rief jemand mit tiefer Stimme, „eure liebe Eisenbahn ist wieder da und hat jedem von euch etwas mitgebracht." „Du bist nicht unsere liebe Eisenbahn", antworteten die Kätzchen, „unsere Eisenbahn spricht hoch und schön wie ein Ofen." Wütend ging der Wolf weg. Bei einem Bäcker kaufte er sich einen Kaktus, fraß ihn und bekam eine feine Stimme davon. Als er wieder an die Hundehütte klopfte, sprach er wie die Ziege. Aber die Katzen waren vorsichtig und forderten ihn auf, seine Nase auf das Fensterbrett zu legen. „Oh", meckerten sie, „du bist nicht unsere liebe Mutter. Du hast ganz blaue Pfoten, und unsere Mutter hat weiße. Du bist der böse Wolf." Da lief der Wolf zum Müller und kaufte sich Mehl. Er tauchte beide Pfoten hinein; nun waren sie schön weiß. Als er wieder an der Hundehütte klopfte, glaubten die Kätzchen, daß es ihre Mutter ist. Sie ließen ihn herein, und er fraß sie alle auf. Nur das kleinste Kätzchen versteckte sich in der Puddingschüssel.
Als die Mutter heimkam, war sie glücklich, daß sie ihre Kinder nicht mehr fand. Aber dann kroch das kleinste Kätzchen aus der Puddingschüssel. Die Mutter ging mit ihm hinaus auf die Wiese. Dort schlief der Wolf. Ritsch-ratsch schnitt ihm die Mutter den Rücken auf, und alle Kätzchen sprangen müde heraus. Rasch sammelten sie auf der Wiese Buletten und steckten sie in

den Wolfsbauch. Da erwachte der Wolf, sprang vor Hunger in die Höhe und hielt sich an einer Wolke fest. Er setzte sich auf die Wolke, und sie zog mit ihm davon.

121 Vergaser verstopft!

F Der folgende Text ist zum Teil ungewöhnlich formuliert. Ersetze die umständlichen Umschreibungen durch Substantive mit dem Suffix -er! (Schriftlich oder mündlich)

Helfer gesucht!
Ich bin ein Mensch, der Auto fährt. Das heißt, zur Zeit fahre ich nicht, weil das Teil, mit dem ich es anlassen müßte, nicht funktioniert. Da man in einem solchen Fall nicht zu einem Mann geht, der Schuhe repariert, Lebensmittel verkauft oder gar Kinder unterrichtet, entschloß ich mich, meinen Nachbarn zu befragen, der angeblich Ahnung von Autos hat.
Der Sachverständige kratzte sich nachdenklich am Kopf und murmelte: „Fest steht: Das Scheibenwischgerät ist es nicht! Auch nicht die Gepäckhaltevorrichtung auf dem Dach! Ich tippe auf das Wagenhebeinstrument. Da müssen wir mal zum Werkzeugkasten greifen!"
Zielsicher nahm er ein Gerät zum Büchsenöffnen heraus, ein anderes, womit man den Korken aus Flaschen entfernt und schließlich eins zum Kartoffelschälen. An dieser Stelle wurde mir klar, daß mein Nachbar nur ausgefallene Autotypen reparieren kann, und ich zog mich zurück.
Inzwischen war ich noch bei einem Mann, der Wasserleitungen repariert, bei einem, der Metallteile zusammenschweißt, und aus Verzweiflung auch bei einem, der Uhren instand setzt.
Am Ende riet mir meine Frau, es doch bei einem zu versuchen, der von Berufs wegen Autos repariert. Aber der hatte Urlaub. Und nun bin ich immer noch einer, der zu Fuß geht.

122 Reden ist Gold

F Äußere dich zu den Schlagzeilen! (Nimm Stellung, frage, . . .)

- Mitteilungen über unser Leben
- Krokodile auf dem Campingplatz
- Tiermarkt
- Heiraten
- Ferienwochen-Report
- Aus dem Gerichtssaal
- Schwierige Lage
- Ausflugsziele zum Wochenende
- Fröhlicher Fasching der Waldbewohner
- Ein Mann, der auf drei Hochzeiten tanzt

123 Zwiegespräche

F Gestalte mit einem Mitspieler möglichst humorvolle Stegreif-
dialoge zu folgenden Situationen:

- Autopanne
- Streit im Gemüseladen
- Ein Zwölfjähriger will in einen nicht jugendfreien Film.
- Eine ungerechte Aufsatzzensur
- Im überfüllten Bus
- Mißverständnis beim Zahnarzt
- Der vergessene Hochzeitstag
- Tiere in Neubauwohnungen (Argumente dafür und dagegen)

124 Eine interessante Biographie

F Ordne die Bilder in einer dir sinnvoll erscheinenden Reihenfolge und verfasse eine mögliche Biographie der dargestellten
Person!

*Die Teilnehmer erhalten eine Anzahl ausgeschnittener Bilder
oder Fotos, auf denen sich eine Person in den verschiedensten
Situationen befindet.*

Varianten
Arbeit in kleinen Gruppen – mündlich oder schriftlich

125 Geschichten zu Gedichten

F Lies deinen Mitspielern ein kurzes Gedicht oder eine Liedstrophe vor! Sie sollen dazu eine Geschichte erzählen (mündlich oder schriftlich).

Beispiel: Gedicht von Uwe Greßmann

> Trost
>
> Ziehen viele in
> Andere Straßen
> auch, weine nicht.
> altes Haus, ich
> bleibe noch.

(Die Geschichte könnte erzählen, was das alte Haus alles erlebt hat.)

> Liedstrophe
>
> Am Brunnen vor dem Tore
> da steht ein Lindenbaum.
> Ich träumt' in seinem Schatten
> so manchen süßen Traum. . . .

(Die Geschichte erzahlt einen Traum.)

126 Gefunden

Gestalte zu den einzelnen Bildern einen lustigen Dialog!

Die Teilnehmer erhalten eine Anzahl ausgeschnittener Karikaturen ohne Worte, auf denen sich Personen in lustigen Situationen befinden.

(1) Suche zu jedem Bild eine passende Unterschrift!
(2) Erzähle zu einem der Bilder eine humorvolle Geschichte! Finde auch eine Überschrift!

127 Fuchs und Igel

A – Was mußt du bezeichnen können?

Beispiel: der Fuchs, der Igel, der Baum, der Wettlauf, der Schwanz, um die Wette laufen, rennen, . . .

– Ordne die folgenden Wörter und Wortgruppen dem Fuchs bzw. dem Igel zu!

lustig, fröhlich, klug, hat Langeweile, atemlos, böse, macht Spaß, fix und fertig, immer schneller, ärgerlich, bekommt keine Luft, freut sich, lacht.

– Wer sagt was? Ordne richtig zu und bringe in die richtige Reihenfolge!

– Was sagt der Igel, was der Fuchs?

Ich bin so müde.
Wir können einen Wettlauf machen.
Du und ich? Was denkst du!
Ich habe keine Zeit.
Warum bist du so traurig?
Wollen wir etwas Schönes machen?
So ein schöner Tag!
Hallo, Kleiner!
Was willst du denn?
Ha, da muß ich lachen!
Wir werden sehen!
Warum?
Na gut! Laufen wir um die Wette!
Du bist langsam, und ich laufe schnell.

– Erzähle weiter! Verwende die oben angegebene Lexik!

– Gestalte den Dialog auf dem 5. Bild!

– Erzähle das gesamte Märchen! Bette die Dialoge in den Text
   ein!

128 Weil . . ., weil . . ., weil . . .!

F *Jeder Schüler schreibt drei Minikontexte, die einer Begründung bedürfen, auf drei Zettel. Die Zettel werden gemischt, jeder Spieler zieht und muß den beschriebenen Sachverhalt begründen. Wer keine Begründung weiß oder falsch / sinnlos be-
   gründet, gibt ein Pfand.*

Beispiel: Frau Weiß schaut ihren Sohn an und sagt: „O weh!"
   Warum?
   Herr Müller lädt seinen Freund zum Essen ein, aber
   der kommt nicht.
   Warum?

129 Witz, wo bist du?

A *Jeder Schüler erhält die Aufgabe, einen Witz ab- oder aufzu-*
schreiben und dann den Text zeilenweise zu zerschneiden. Je-
der Spieler erhält dann die Zettelchen eines anderen und muß
ordnen. Die Witze dürfen vorgelesen (und möglicherweise
übersetzt) werden in der Reihenfolge, in der die Spieler fertig
werden.

130 Zum Nachmachen

A Vervollständige die Geschichte und lies sie vor!
Bastle selbst solche Aufgaben für deine Mitspieler!

Die Katze und der Vogel
Die Katze hatte einen Vogel gefangen. Sie wollte mit ... spielen,
wie sie es bei Mäusen ... So ließ sie den ... los. Er flog auf ... Leiter. Die ... schlich ihm nach. Der Vogel ... höher. Die Katze ...
ihm hinterher. ... flog der Vogel aufs Dach. Die Katze ... ihm
nach. Aber der ... war schon auf dem Schornstein ... und ... in
die Wolken. Die Katze ... ihn nicht mehr sehen. Aber sie ...
noch sein Lied „Tirili", ... er, „jage nicht nach Vögeln, wenn ...
vom Fliegen nichts verstehst!"

131 Wer zuletzt lacht, ...

F Lies die Witze mit der richtigen Pointe vor!

Zwei Herren sitzen auf einer Bank im Park. Plötzlich sagt der eine ärgerlich: „Ich will Sie nur darauf aufmerksam machen, daß Sie auf meinem Hut sitzen. Ruhig erwidert der andere: ... — Hat sich erledigt. Ich habe einen anderen gefunden.

Beim Unfallarzt klingelt das Telefon: „Kommen Sie schnell, mein Bruder hat den Flaschenöffner verschluckt!" Der Arzt will gerade aus dem Zimmer, da klingelt es wieder: ... — Mir auch nicht, aber meiner Mutter.

Eine Klasse bekommt das Aufsatzthema: „Unser Hund". Karin schreibt: Überschrift: Unser Hund. Text . . .

Ich bin ein Leopard.

Ilona hilft zu Hause beim Geschirrspülen. „Das würde mir nie einfallen", sagt Lisa. Ilona erwidert: . . .

Ach, das ist doch Wurst!

Der Lehrer fordert die Schüler auf: „Nennt mir fünf Tiere der Wüstenregion!" Antwort: . . .

Du, laß mich auch mal in der Mitte fliegen.

Schweinchen Rosa fragt Schweinchen Schlau: „Was mag wohl mal aus uns werden?" . . .

Ich habe es bemerkt. Wollen Sie denn schon gehen?

Im Zoo fragt Jens seinen Bruder: „Was würde der Tiger jetzt sagen, wenn er sprechen könnte?" Der Bruder meint: . . .

Aber sehen Sie nicht, daß meine Frau immer noch steht?

„Eine Erziehung heutzutage!" meckert Herr Martin in der Straßenbahn. „Was wollen Sie eigentlich, der Junge hat Ihnen doch gleich Platz gemacht", sagt ein Herr. . . .

Wir haben keinen Hund.

Zwei Elefanten fliegen durch die Luft. Sagt der eine zum anderen: . . .

Ein Löwe und vier Kamele.

132 Märchen-Telegramm

F   Von welchem Märchen ist hier die Rede?

1. Kleiner, schwächlicher Handwerker wird durch falsche Darstellung einer belanglosen Tat zum Helden.
2. Junges Mädchen, ortsgebunden, benutzt überlangen Kopfschmuck als Notaufgang für späteren Ehemann.
3. Einsam lebende Rentnerin hält Geschwisterpaar für kannibalische Zwecke gefangen.

4. Geistig nicht sehr aufgeweckter Dorfbewohner tauscht Agrarprodukte zum eigenen Nachteil, um am Ende doch den Hauptgewinn zu machen.
5. Junges Mädchen im Teenageralter verletzt sich bei der Besichtigung alter Produktionsmittel und muß 100 Jahre auf eine Männerbekanntschaft warten.
6. Junge Handballspielerin engagiert Vertreter der Tierwelt als Ballholer zur Wiederbeschaffung des Edelmetallspielzeuges.
7. Hochnäsiges Sportleras unterliegt dem Teamgeist weniger begabter Mitbürger.

8. Herrschsüchtige Frau verübt mehrere Mordanschläge auf die Stieftochter, die in Gesellschaft mit mehreren kleinwüchsigen Menschen lebt.
9. Ungleiches Geschwisterpaar arbeitet saisonweise beim meteorologischen Dienst.
10. Zwei liebe Mädchen, Blumenzüchterinnen, stellen einem Pelztier kostenlos ein Quartier zur Verfügung und machen dadurch ihr Glück.
11. Eine schöne, aber charakterlich negative Adlige erweist sich als untauglich für von ihr geforderte Arbeitsleistungen und muß sich bessern, ehe sie ihr Glück findet.

12. Friedliche Vögel verhelfen einem fleißigen jungen Mädchen durch eifriges Sortieren zu seinem Glück.
13. Vier nicht mehr arbeitsfähige Veteranen verjagen durch eine Überdosis an Phon Außenseiter der Gesellschaft und setzen sich selbst ins gemachte Nest.
14. Eine junge Frau rettet ihr erstes Kind, indem sie richtig rät.
15. Eine habgierige Frau, welche am Meer wohnt, wird durch ihre Gier wieder arm, nachdem sie bereits im Wohlstand lebte.
16. Ein männliches Haustier mit einer überdimensionalen Fußbekleidung verhilft einem jungen Facharbeiter zu Reichtum.

133 Wo man singt, . . .

F Welche Volkslieder stecken hinter den Umschreibungen?

1. Ein Mädchen aus dem Norden lädt seinen Freund ein, nachts zu ihr zu kommen.
2. Ein junger Mann mißachtet die geltenden Vorschriften für Naturschutzgebiete und pflückt eine Blume.
3. Die Bevölkerung fordert die Wiederkehr einer Zeitspanne im Jahresablauf, die positive Emotionen fördert.
4. Die Konsequenz und Farbintensität eines immergrünen Gehölzes mit aufrechtstehenden Zapfen wird gelobt.
5. Ein Adliger erhält von seiner Mätresse vor ihrem Tod ein Souvenir, das er ins Wasser wirft.
6. Der Benutzer eines heute nicht mehr gebräuchlichen öffentlichen Verkehrsmittels wird zu seinem Bedauern vom Ort seiner Wahl weggerufen.
7. Nichtöffentliche emotionale Beziehungen zwischen Menschen verschiedenen Geschlechts können mehr Wärmeenergie erzeugen als ein traditionelles brennbares Sediment pflanzlicher Herkunft.
8. Besondere Freude an körperlicher Bewegung empfinden die Vertreter eines handwerklichen Berufes.
9. Als zweibeiniges Wirbeltier mit Flügeln würde man gern

die Distanz zu einem geliebten Wesen überwinden, aber die Zwänge der Realität werden akzeptiert.

10. Aufmerksam werden akustische Signale registriert, um festzustellen, ob jemand zu Besuch kommt oder anderen Verpflichtungen nachgeht.

Idiomatisches

134 Ich weiß nicht, was soll es bedeuten . . .

F   Gestalte eine idiomatische Wendung pantomimisch! Deine
    Mitspieler sollen sie raten.
    *Die Wendungen werden in ihrer wörtlichen Bedeutung darge-
    stellt.*

    Beispiel: jemandem unter die Arme greifen – die Handlung
              wird an einem Mitspieler ausgeführt.

    – jemanden über die Achsel anschauen
    – jemanden auf den Arm nehmen
    – die Ärmel hochkrempeln
    – ein Auge zudrücken
    – sich an die Brust schlagen
    – sich etwas aus den Fingern saugen
    – etwas an den Haaren herbeiziehen
    – Hahn im Korbe sein
    – etwas mit der linken
      Hand machen
    – jemandem etwas ans
      Herz legen

- mit den Hühnern ins Bett gehen
- den Kopf hängen lassen
- jemanden vor den Kopf stoßen
- jemandem den Kopf verdrehen
- jemandem etwas an den Kopf werfen
- mit dem Kopf durch die Wand wollen
- jemandem den Kopf zurechtrücken

- den Mantel nach dem Wind hängen
- das Maul aufreißen
- in den Mond gucken
- die Nase hoch tragen
- jemanden an der Nase herumführen
- sich etwas hinter die Ohren schreiben

- unter dem Pantoffel stehen
- jemandem die Pistole auf die Brust setzen
- mit dem Rücken an die Wand kommen
- jemandem etwas in die Schuhe schieben
- sich auf die Strümpfe machen

- zwischen zwei Stühlen sitzen
- offene Türen einrennen

135 Fragen von A bis Z

Welches K kannst du dir zerbrechen? oder: Rat mal, denn du hast ja K!

F Jeder Buchstabe des Alphabets ist der Anfangsbuchstabe des Sinnworts einer idiomatischen Wendung oder eines Sprichworts. Rate die idiomatischen Wendungen bzw. die Sprichwörter mit Hilfe der Fragen!

Beispiel: Welches A bewahrt nicht vor Dummheit? –
Alter schützt vor Torheit nicht!

- Welches A ist nie leicht?
  Welches A kann man zudrücken?

- Welches B kann man unter das A nehmen?
  Welches B kann man vor einem wichtigen Körperteil haben?

- Vor welchem C hat man selbst Angst?
  Welches C verpaßt man leicht?

- Auf welches D kann man steigen?
  Unter welchem D steckt man oft gemeinsam?

- Welches dicke E ist vorauszusehen?
  Welches E behandelt zerbrechliche Gegenstände schlecht?

- Mit welchem F soll man nicht spielen?
  Welches F wirft man ins Getreide?

- Welches G spielt man als erstes?
  Welches G macht nicht glücklich?

- Welches H findet man in flüssigen Speisen?
  Welches H befindet sich in einem Korb?

- Welches I gilt als menschlich?
  Welches I kann groß, brennend oder auch geteilt sein?

- Welches J zwitschert wie ein A?
  Welches J zieht man an, wenn es paßt?

- Welches K kann man nicht gut mit jemandem zusammen essen?
  Welches K steckt man in die Erde?

- Welches L bewirkt, daß man nichts mehr sehen kann?
  Auf welchem L kann man sich Ruhe gönnen?

- Welches M hat ein Edelmetall im Mund?
  Aus welchem M kann man ein sehr großes Tier machen?

- An welchem N kann man jemanden herumführen?
  Welches N kann man manchmal verlieren?

- Hinter welchem O kannst du etwas notieren?
  Welches O eignet sich als Sitzgelegenheit?

- Unter welchem P steht oft der Mann?
  Welches P kann man sich mit jemandem zusammen ungesetzlich aneignen?

– An welchem Q sitzt man, wenn man Beziehungen hat?
Wer die Möglichkeit der freien Entscheidung hat, hat auch ein Q. Welches?

– Welches R hat man im Kopf?
Mit welchem R kommt man an die Wand?

– Welches S bringt Glück?
Welches S macht gute Laune?

– Vor welchem T soll man fegen?
Welches T bläst man, wenn man traurig ist?

– Welches U stirbt niemals aus?
Welches U ist keine Belohnung?

– Welches V ist besser als sein Gegenteil?
Welches V ist besser als Gesundmachen?

– Welches W kann man vor lauter Holz nicht erkennen?
Wo ein W ist, ist auch noch ein anderes. Welches?

– Und nun laß dir kein X für ein U vormachen!

– Das Y gibt gar nichts her!
Da fällt die Aufgabe sehr schwer.

– Welches Z ist sehr wertvoll?
Auf welches grüne Z kommt mancher nie?

136 Expressive Unterhaltung

F Erkläre die Bedeutung der Phraseologismen bzw. der Sprichwörter unter 135!

Verwende einige von ihnen in einem möglichst humorvollen Dialog!

137 Dreimal Herz

F Finde in den folgenden idiomatischen Wendungen das gemeinsame Wort, das jeweils fehlt!

Beispiel: das ... auf der Zunge tragen / das ... auf dem rechten
Fleck haben / jemanden auf ... und Nieren prüfen
→ Herz

– sein ... halten / jemandem ins ... fallen / jedes ... auf die
Goldwaage legen
– auf ... bauen / jemandem ... in die Augen streuen / im ... ver-
laufen
– ein wunder ... / auf dem toten ... sein / der springende ...
– arbeiten wie ein ... / mit jemandem kann man ... stehlen /
das beste ... im Stall sein
– sich etwas hinter die ... schreiben / auf den ... sitzen / die ...
spitzen
– die ... in alles stecken / jemandem etwas vor der ... weg-
schnappen / jemandem auf der ... herumtanzen
– den ... halten / sich den ... verbrennen / nicht auf den ...
gefallen sein
– etwas ist aus der ... gegriffen / für jemanden ... sein / etwas
liegt in der ...
– jemanden hinters ... führen / jemandem geht ein ... auf / sein
... nicht unter den Scheffel stellen
– sich etwas in den ... setzen / jemandem den ... verdrehen / jemandem den ... zurechtrücken
– mit offenen ... spielen / alles auf eine ... setzen / sich nicht in
die ... gucken lassen
– ein ... in der Suppe finden / etwas an den ... herbeiziehen /
sich keine grauen ... wachsen lassen

*Die Gruppen von idiomatischen Wendungen werden mündlich
oder schriftlich vorgegeben.*

Varianten
Jeder Spieler bereitet eine oder mehrere Gruppen selbständig
vor.

138 Hobbyköche

F   Unterscheide zwischen Speisen und Getränken!

- Mexikaner
- Mohrenkopf
- Eisbein
- Kalter Hund
- Schweinsohren
- Rumkugeln
- Baumkuchen
- Himbeergeist

- Mohnschnecke
- Korn
- Kümmel
- Amerikaner
- Magenbitter
- Halb und Halb
- Windbeutel

139 Zum Teil schwer verdaulich

F   Was ist hier nicht eßbar? Warum nicht?

- Augapfel – Granatapfel – Zankapfel – Adamsapfel – Paradies-apfel
- Erdbirne – Bessemerbirne – Glühbirne – Butterbirne
- Rinderzunge – Engelszunge – Schweinezunge – Landzunge
- Stopfpilz – Steinpilz – Butterpilz – Glückspilz
- Trauerkloß – Mehlkloß – Erdenkloß – Semmelkloß
- Tee-Ei – Hühnerei – Wachtelei – Windei
- Wurstsalat – Wellensalat – Spitzensalat – Wortsalat – Tomatensalat
- Zuckererbse – Knallerbse – Feuerbohne – Fernlinse
- Rachenmandeln – Kopfnuß – Ohrfeige – Giftnudel – Haselnuß

140 Tierisches

F   Wenn du die folgenden Bezeichnungen mit Tiernamen kombinierst, ergeben sich die Bedeutungen:

- Wetter. . .   (Windrichtungsanzeiger)
- Fleisch. . .   (Küchengerät)
- Lauf. . .   (Bestandteil eines Krans)
- Dach. . .   (Katze)
- Draht. . .   (Fahrrad)

- Schaukel. . .   (Kinderspielzeug)
- Frech. . .   (dreistes Kind)
- Back. . .   (junges Mädchen)
- Dreck. . .   (schmutziger Mensch)

141 Synonymie um mehrere Ecken

F Ordne die in Klammern stehenden Substantive den senkrechten Wortreihen zu! Erkläre die Wortspiele!

- Speisegaststätte - . . .	- Hauptsache - . . .
- Bücherwurm - . . .	- Weinkarton - . . .
- Impftermin - . . .	- Nachthemd - . . .
- Fahrlehrer - . . .	- Fuß - . . .
- Staudamm - . . .	- Jagd - . . .
- Krankenpfleger - . . .	- Paprika - . . .

(Hut, Schuhanzieher, Leibwache, Stromsperre, Stichtag, Brandstifter, Wildfang, Steuerberater, Spitzenerzeugnis, Gerichtssaal, Buddelkiste, Papierschlange)

142 Verfängliches

F Erkläre die Wortspiele, auf denen die angebliche Synonymie beruht!

- Preisschild   = Kostenträger
- Tablett   = Tragfläche
- Wasserrad   = Stromabnehmer
- Schlaf   = Stilleben
- Weihnachtsgeld   = Festbetrag
- Lehrlingsausbildung   = Meisterleistung
- Soldat   = Truppenteil
- Uhrfeder   = Zeitspanne
- Bauer   = Feldherr

143 Gute Laune mit Pantoffeln an den Füßen

F   Finde die umschriebenen Wörter!
Ordne sie dann ihrer richtigen Bedeutung zu!

Beispiel: eine Waffe, die gute Laune produziert – Stimmungs-
kanone (wirkliche Bedeutung: ein Mensch, der andere gut unterhalten und in Stimmung bringen kann)

- ein Reinigungsgerät, das Schmerzen bereitet
- einer, der gern in Behälter zum Kochen schaut
- Extremität eines Langohrs
- ein Mann, der ein halbes Kilo wiegt
- ein mutiger Mann mit Hausschuhen
- ein Wassertier, das laute Geräusche von sich gibt
- eine Kopfbedeckung, die an einem anderen Körperteil getra-
gen wird
- eine böse Figur aus Märchen, die ständig saubermacht

(ein Mann, der sich seiner Frau unterordnet;
eine Frau, die das Saubermachen liebt;
ein prima Mensch;
ein widerspenstiger Mensch;
ein ängstlicher Mensch;
ein Nähutensil;
ein Mensch, der sich gern in fremde Angelegenheiten mischt;
ein Kinderspielzeug)

144 Mit doppeltem Boden

F   Welche Wörter verstecken sich hinter den nicht ernst gemeinten Umschreibungen?
Wenn du sie untereinanderschreibst, ergeben ihre Anfangsbuchstaben – von oben nach unten gelesen – etwas, was dir hof-
fentlich Spaß macht.

- lustiges Geflügel
- fallendes Holzgewächs
- zerstörendes Raubtier
- ein Körperteil mit A + ein Körperteil mit B

- menschliche Wesensart in der Eisenbahn
- einer, der in große Höhen schichtet
- Wächter einer Verkaufsstelle
- reflektierendes Glas eines Nachtvogels
- gigantische Woge
- mehrfach vorhandenes Sehorgan
- Kopfbedeckung für Ruhebedürftige
- angeberischer männlicher Eigenname
- verrückte Grünanlage
- Hörorgan eines Grautiers
- gedämpfter Schrittmacher

145 Unaussprechliche Sprichwörter

F Den folgenden Sprichwörtern fehlen die Vokale. Finde sie!

-ll-r g-t-n D-ng- s-nd dr--.

-lt- L--b- r-st-t n-cht.

D-s -- w-ll kl-g-r s--n -ls d-- H-nn-.

D-r -pf-l f-llt n-cht w--t v-m St-mm.

Fr-h -bt s-ch, w-s --n M--st-r w-rd-n w-ll.

Gl--ch -nd gl--ch g-s-llt s-ch g-rn.

J-d-r -st s--n-s Gl-ck-s Schm--d.

J-ng g-fr--t h-t n-- g-r--t.

Pr-b--r-n g-ht -b-r St-d--r-n.

-ll-r -nf ng -st schw-r,

-m -b-nd w-rd-n d-- F--l-n fl--ß-g.

-nd-r- L-nd-r, -nd-r- S-tt-n.

D-rch Sch-d-n w-rd m-n kl-g.

-nd- g-t, -ll-s g-t.

-s -st n-ch k-n M--st-r v-m H-mm-l g-f-ll-n.

H-ng-r -st d-r b-st- K-ch.

-b-ng m-cht d-n M--st-r.

V--l- W-g- f-hr-n n-ch R-m.

W-r -nd-rn --n- Gr-b- gr-bt, f-llt s-lbst h-n--n.

146 Unordnung in der Sprichwörterkiste

F Ordne die Sprichwörter richtig! Schreibe in die Klammer hinter den zweiten Bestandteil des Sprichwortes den Buchstaben des dazugehörigen ersten!

a) Neue Besen / sagen die Wahrheit.   ( )
b) Klappern / ist besser als Nachsicht.   ( )
c) Vorsicht / macht auch Mist.   ( )
d) Kinder und Narren / kehren gut.   ( )
e) Müßiggang / hat Gold im Mund.   ( )
f) Kleinvieh / gehört zum Handwerk.   ( )
g) Was sich liebt / krümmt sich beizeiten.   ( )
h) Wie man sich bettet, / so schallt es heraus.   ( )
i) Was ein Häkchen werden will, / das neckt sich.   ( )
j) Wie man in den Wald hineinruft, / so zwitschern auch die Jungen.   ( )
k) Morgenstund / ist aller Laster Anfang.   ( )
l) Wie die Alten sungen, / so schläft man.   ( )

147 Falschheiten

F Wie heißt es richtig?

– Zum Lernen ist es immer zu spät.
– Wer A sagt, muß auch Z sagen.
– Wer gern gibt, fragt lange.
– Was sein muß, soll sein.
– Wer alles haben will, bekommt am Ende alles.
– Am Tag sind alle Katzen grau.
– Was nicht ist, kann nicht werden.
– Der Appetit kommt beim Schlafen.
– Früh übt sich, was ein Bäcker werden will.
– Morgenstunde hat Gold im Hals.
– Ohne Fleiß kein Geld.
– Wer nicht trinkt, soll auch nicht essen.
– Was der Mensch will, darf er auch.
– Sie leben wie Katze und Maus.
– Er ist falsch wie eine Elster.

- Es ist pferdekalt.
- Ich habe einen Ochsenhunger.
- Er hat immer große Kirschen im Kopf.
- Du mußt jetzt deine fünf Sachen packen.
- Das pfeifen ja die Störche von den Dächern.
- Mir fällt ein Felsen vom Herzen.

- Ebbe und Sturm
- außer Rand und Land
- mit Lust und Spaß
- bei Wind und Sturm
- etwas hoch und fest versprechen
- kurz und knapp
- ganz und voll
- weit und lang

148 Vollkommen verdreht

F   Lies das Gedicht und nenne die Sprichwörter, die hinter den Verdrehungen stecken!

Man darf dem Tag nicht vor dem Abend dankbar sein
und soll das Schicksal nicht für alles loben.
Ein Gutes kommt niemals allein,
und alles Unglück kommt von oben.

Ein Meister nie alleine bellt.
Vom Himmel fallen keine Hunde.
Dem Glücklichen gehört die Welt,
dem Mutigen schlägt keine Stunde.

149 Moderne Sprichwörter

F   Schreibe die Sprichwörter in ihrer Originalform auf!

- Der Modus, wie Veteranen sich akustisch äußern, gilt auch für die junge Generation.

- Rundes Kernobst im Singular folgt der Erdanziehungskraft in angemessener Distanz von einem massiven Rundholz.

- Soeben erworbene Reinigungsgeräte erfüllen ihre Aufgaben in hoher Qualität.

- Amouröse Emotionen führen zu extremen Störungen der visuellen Potenzen.

- Wenn einer zum Schaden anderer vertikale Vertiefungen in der Erde anlegt, wird er sich mit einer an Sicherheit grenzenden Wahrscheinlichkeit dort selbst plazieren.

- Nicht unbedingt handelt es sich um ein hochwertiges Edelmetall, wenn etwas die Lichtstrahlen intensiv reflektiert.

- Die Art und Weise, sich auf eine bequeme Lage vorzubereiten, determiniert die Qualität des Aufenthalts im Reich der Träume.

- Bei positivem Finale fällt die Gesamtbilanz positiv aus.

- Dem Bewohner eines leicht zu zerstörenden Bauwerks wird geraten, keine schweren Wurfgeräte zu benutzen.

- Wenn einer einen Nachteil in Kauf nehmen muß, ist es nicht nötig, etwas dafür zu tun, daß ihn andere auslachen.

- Es kommt vor, daß von zwei Menschen, denen das gleiche begegnet, der eine darin einen Nachtvogel sieht, der andere einen Singvogel.

- Eine Person erhält den Auftrag, Arbeitsangelegenheiten nicht erst am nächsten Tag zu erledigen, wenn sie sie vollbringen kann, bevor es 0 Uhr ist.

- Es wird festgestellt, daß man sehr an Leibesfülle gewinnt, wenn man seine Speisen nicht mit anderen teilt, sondern nur den Eigenbedarf deckt.

- Der Mensch soll Metall nach seinem Willen formen, solange es noch eine hohe Temperatur hat.

- Bei Menschen, deren Sehfähigkeit gleich null ist, erhält der größere Machtbefugnisse, dessen visuelle Funktionstüchtigkeit nicht ganz so eingeschränkt ist.

– Es kommt vor, daß ein Federvieh, dessen Sehvermögen extrem gestört ist, doch einmal auf ein Getreideteilchen stößt.

– Einem Handwerker, der sich mit der Reparatur von Fußbekleidung befaßt, wird geraten, keine Distanz zwischen sich und eins seiner wichtigsten Arbeitsgeräte zu legen.

– An der Stelle, wo einer aus rationalem oder emotionalem Antrieb ein bewußtes Streben zur Erreichung von Zielen entwickelt, findet sich auch ein leicht befestigter, langgestreckter Streifen Land.

Dichterisches

150 Dichter gesucht!

A Vollende das Gedicht, indem du die fehlenden Reimwörter einsetzt!

Mein Drachen

Einen Drachen bau ich mir
aus zwei Leisten und . . .
Male ihn mit Tusche bunt,
einen riesengroßen . . .,
auch die Augen fehlen nicht
und die Nase im . . .
Ohren hat er wunderschön,
die gar fein im Winde . . .
Hinten hängt ein Schwänzchen dran,
daß er richtig steuern . . .
Und am Ende bind ich auch
eine Schnur um seinen . . .
Wenn das Wetter mir gefällt,
trag ich ihn hinaus aufs . . .
Wo die ersten Hügel sind,
fühlt mein Drachen schon den . . .,
und er steigt ins Blaue hoch.
Hei, wie lustig ist er . . .!

151 Eins, zwei, drei . . .

A Setze die passenden Reimwörter ein!

Eins, zwei, drei,
alt ist nicht . . .,
sauer ist nicht . . .,
Händ' sind keine . . .,
Füß' sind keine . . .,
das Lied ist zu . . ..

Wie schön ist's, wenn zur Winterszeit
vom Himmel es herunter. . .
Wir freuen uns beim Schlittschuhlauf
und bauen einen Schneemann . . .
Wir laufen Schi, wie fein ist das!
Auch Rodeln macht uns großen . . .
Und fallen wir mal in den Schnee,
so lachen wir. Es tut nicht . . .

Vögel, die nicht singen,
Glocken, die nicht . . .,
Pferde, die nicht . . .,
Nüsse, die nicht krachen
Kinder, die nicht . . .,
was sind das für . . .?

152 Das bin ich!

A **Der Kopf** trägt das Haar,
das ist wohl . . .,
aber auch das Wissen,
das wir haben . . .

Die Arme hebe ich fleißig,
Signal für den Lehrer: Das . . .
Manchmal strecke ich sie in den Wind
und wünsche mir, daß sie Flügel . . .

Mit **den Händen** kann ich vieles machen,
zum Beispiel 100 000 . . .
Mit das Schönste im Leben:
einander die Hände . . .

Die Beine müßt ihr kennen,
sie wollen immer . . .,
drum sollst du sie nicht still legen,
sondern immer viel . . .

Die Füße leisten allerhand,
sie geben uns den festen . . .
Sehr gerne fühlen sie weichen Grund,
barfuß laufen ist . . .

Der Bauch ist da für Eis und Brause,
doch mach auch einmal eine . . .!
Mit zu viel Eis und . . .
liegst du krank zu . . .!

Ich kann mich bücken
mit dem . . ..
Aber ich steh lieber gerade,
sonst ist es . . .!

153 Kasper, wer errät dich?

F Finde die fehlenden Reimwörter. Ihre Anfangsbuchstaben ergeben – von oben nach unten gelesen – den Namen für einen
Spaßmacher.

Erfolglos

Abends schleicht auf leiser Tatze
zu dem Kirschbaum Nachbars . . .
Klettert flink hinauf bis fast
auf den allerhöchsten . . .
Denn bekanntlich fressen Katzen
außer Mäusen auch gern . . .
Vater Spatz piepst laut im Dustern
und beginnt, sich aufzu. . .

Augen glühen, Krallen wetzen,
Vater Spatz sieht's mit . . .
Doch die Spätzin – woll'n wir wetten –
wird schon ihre Kinder . . .
Kämpft so lange um ihr Nest,
bis die Katz den Baum ver. . .

Lösungswort?

154 Köpfe tauschen

F Nenne Wörter, die verschiedene Anfangsbuchstaben haben
und sonst gleich sind!

Beispiel: Hund – Mund – Pfund – . . .
          Haus – . . .
          Loch – . . .
          Bein – . . .
          Kind – . . .
          Schnee – . . .
          Strand – . . .
          Wolle – . . .

Schreibe ein Märchen, wo einige dieser Wörter ihre „Köpfe tauschen"!

155 Geburtstagsgeschenke

Schreibe hinter die Namen ein Reimwort, das ein Geschenk bezeichnen könnte!
Das Spiel sollte an einigen Beispielen demonstriert werden.

Beispiel: von Tante Grete – eine Trompete
         von Tante Adelheid – ein rotes Kleid
         von Onkel Thomas – einen Kompaß
         von Tante Beate – ?
         von Onkel Alexander – ?
         von Herrn Müller – ?
         von Onkel Klaus – ?
         von Nachbar Schneider – ?

von Opa Große – ?
von Fräulein Huch – ?
von Onkel Frank – ?
von Oma Klein – ?
von Frau Mut – ?

156 Onkels sind und können vielerlei

F Zähle weiter auf!

Onkel Peter ist Trompeter.
Onkel Mohr singt im Chor.
Onkel Gunter . . .
Onkel Kay . . .
Onkel Timm . . .
Onkel Schein . . .
Onkel Rainer . . .
Onkel Flach . . .
Onkel Wille . . .
Onkel Kraus . . .

157 Kein Haus ohne Dach

F Finde Reimwörter!

Ein Spieler nennt die erste Zeile („Kein . . . ohne . . .“), wirft dabei einem Mitspieler einen Ball zu. Dieser muß weiterreimen. Wer nicht weiter weiß, scheidet aus.

Beispiel: Kein Haus ohne Dach,
kein Schrank ohne Fach.

Kein Spiel ohne Lachen,
. . .

Varianten
als Pfänderspiel

158 Wir reimen weiter

F Nenne eine selbsterfundene oder bekannte Gedichtzeile und wirf einem Mitspieler einen Ball zu! Dieser macht einen Reim darauf und gibt den Ball weiter. Die nächste Verszeile wird genannt usw.

Beispiel: Heute regnet es den ganzen Tag. (Ball)
Drum spielen wir, was jeder mag. (Ball)
Wir singen lauter schöne Lieder. (Ball)
usw.

159 Die Wochentage lassen grüßen

A Ergänze die Bezeichnungen für die Wochentage in der richtigen Reihenfolge!

Guten Tag, Herr Montag!
Wie geht es dem Herrn . . .?
Sehr gut, Frau . . .!
Sagen Sie dem Herrn . . .,
daß er am . . .
mit dem Herrn . . .
zur Frau . . .
zu Besuch kommen soll.

. . . fängt die Woche an,
. . . sind wir übel dran,
. . . sind wir mittendrin.
. . . gibt's Kümmerling.
. . . gibt's gebratnen Fisch.
. . . tanzen wir um den Tisch.
. . . gibt's ein Schweinebrätle
und dazu ein Krautsalätle.

160 Lügengeschichten

A Wie ist es richtig?

Der Bauer malt die Bilder, der Maler pflügt die Felder.
Der Bäcker näht die Kleider, Brote bäckt der Schneider.
Der Hund miaut, die Katze bellt, der Apfel von dem Kirsch-
baum fällt.
Der Ball hat vier Ecken, der Würfel ist rund,
der Himmel ist grün, und die Sonne ist bunt.

161 Viele Köche verderben den Brei

F *Jeder Spieler schreibt auf einen Zettel die erste Zeile eines zu
bildenden Reims, der Nachbar die nächste, die sich reimt. Der
Zettel wird umgefaltet. Dann schreibt er die nächste Zeile für
den nächsten Spieler, der weiterreimt. Nach je zwei Zeilen also
Zettel umfalten, damit jeweils nur eine Zeile lesbar ist.
Am Ende wird das „Gedicht" vorgelesen.*

162 Zeilensalat

F In den folgenden Gedichten von J. Ringelnatz und Chr. Morgenstern hat der Drucker die Zeilen vollkommen durcheinan-
dergebracht. Ordne sie richtig!

Bumerang

Publikum noch stundenlang
War ein Weniges zu lang.
Aber kam nicht mehr zurück.
Wartete auf Bumerang.
War einmal ein Bumerang,
Bumerang flog ein Stück,

Joachim Ringelnatz

Der Lattenzaun

Es war einmal ein Lattenzaun,
Stand eines Abends plötzlich da
Ein Anblick gräßlich und gemein,
Mit Latten ohne was herum,
ein Architekt, der dieses sah,
Mit Zwischenraum, hindurchzuschaun.
Und nahm den Zwischenraum heraus
Der Zaun indessen stand ganz dumm
Der Architekt jedoch entfloh
Drum zog ihn der Senat auch ein.
und baute draus ein großes Haus.
Nach Afri- od- Ameriko.

Christian Morgenstern

163 Ordnungshüter

F Es geht wieder ums Ordnen!

Der oder die Hühnerleiter?

Es scharrte eine Henne
auf einer Scheunentenne,
denn sie war faul und dick.
Sie fand sich trotzdem schick
und dachte nur ans Fressen
und nicht ans Eierlegen
sie scharrte wie besessen
bei Sonne und bei Regen,
und liebte einen Hahn,
der in die Scheune kam.
Er schrie ganz wild verwegen:
Dann kommst du in die Suppe!"
„Du willst nicht Eier legen?
Sie lachte: „Ist mir schnuppe,
es trifft mich nicht alleine –
du legst ja selber keine!"
die freche Henne an:

111

Da gockelte der Hahn
„Ich Hahn, ich muß mich pflegen,
ich putze mein Gefieder
und bin ein ganz Gescheiter,
muß keine Eier legen,
und krähe hin und wieder
ich bin – der Hühnerleiter!"

164 Schüttelreime

F Lies die Schüttelreime!
Setze die unvollständigen fort!

– Weil Bäume sie die Menge hatten,
schliefen sie in Hängematten.

– Sie erschlug den fiesen Rächer
behende mit dem Riesenfächer.

– Karlheinz sah viele wilde Hecken,
drum wollte er die Hilde wecken.

– Erst wollt ich schnell den Kutter buchen,
dann . . .

– Der Vater will die Mutter küssen,
. . .

– Verrichte nie am Morgen Sachen,
. . .

– Man diskutiert, ob Schottenmützen
. . .

– Als sie verliebt auf einer Wiese lagen,
. . .

– Vom Wetterbericht die Kunde hallt:
. . .

– Wenn im Winter Schweine kalben,
. . .

Grammatisches

165 Denkaufgabe im Komparativ

A Wer von den folgenden sechs Schülern ist der größte und wer der kleinste?

Werner ist größer als Sebastian und Christian. Sebastian ist kleiner als Hans, dieser ist kleiner als Peter. Christian ist größer als Hans. Peter ist 3 cm größer als Ronny und 5 cm größer als Werner.

166 Stark oder schwach – das ist hier die Frage!

A Setze die richtige Verbform ein!

– Mein Onkel Karl ist jüngst verstorben.
Wir haben viel von ihm . . .   (erben)

– Der dicke Schmidt ist hingefallen.
Das hat ganz mächtig laut . . .   (knallen)

– Nachdem das Glas er ausgetrunken,
hat er dem Kellner schnell . . .   (winken)
Der aber auf sich warten ließ,
so daß er ihn am Ärmel . . .   (fassen)
Dann hat er laut gerufen,
doch wieder nichts . . .   (schaffen)
Der Kellner saß auf beiden Ohren
und hat nicht auf den Gast . . .   (hören)

– Nachdem das Messer er . . .,   (schärfen)
  hat er es nach dem Feind geworfen.

– Sie hat die Noten . . .,   (mitbringen)
  dann hat der ganze Chor gesungen.

167   Stark und schwach gepaart

F   Bilde von den folgenden Verben, die paarweise angeordnet
    sind, jeweils die Leitformen!

tragen – klagen   baden – laden
lügen – sich fügen   kaufen – saufen
streiten – begleiten   sinken – blinken
sehen – flehen   reiten – leiten

168   Präpositionenverwechsler

F   Hier steht einiges auf (oder unter?) dem Kopf.
    Berichtige!

– Die Blumenvase steht normalerweise unter dem Tisch.
– Kaffee trinkt man gewöhnlich hinter Tassen.
– Hast du dich schon einmal auf der Arbeit gedrückt?
– Das Auto zwischen der Nebenstraße stieß vor dem Radfahrer
  zusammen.
– Durch den Feierabend stieg der Parkwächter, müde aus der
  Arbeit, unter das Auto und fuhr erst einmal auf die nächste
  Imbißstube.
– Ohne Sonntagnachmittag geht es uns gut. Wir sitzen dann
  gemütlich auf dem Fernsehapparat, und mein Vater serviert
  Teller aus Kuchen für den Tisch.

– Ein ruhiges Plätzchen
  Mitten vor der Nacht kommt ein Reisender unter ein Hotel.
  Ein anderer steht schon auf der Tür und wartet. Der erste
  fragt: „Können Sie mir sagen, ob man hier gut schläft?"
  „Gewiß", sagt der andere, „ich läute schon nach einer Stunde,
  und niemand macht mir auf."

– Modefimmel

Mit einem Krankenhaus entfernte sich eine Patientin aus dem Nachthemd. Suchkommandos fanden sie auf einem Café zwischen Tee und Kuchen. Die Angestellten hatten sich nicht hinter ihre Kleidung gewundert. Sie hielten sie als den letzten Schrei der Mode.

Varianten

(1) Die falschen Präpositionen können bereits markiert sein.

(2) Die Präpositionen können weggelassen werden, die Lernenden bearbeiten den Lückentext.

(3) Die Lernenden denken sich die Sätze mit falschen Präpositionen aus und stellen sie der Klasse als Korrekturaufgabe.

169   Wer – wen?

A   *Der Spielleiter schreibt ca. 20 Substantive und 10 transitive Verben an die Tafel. Die Spieler kombinieren schriftlich Sätze nach dem Modell Subjekt – Verb – Objekt und möglichst viele „Umkehrsätze". Sieger ist, wer die meisten findet.*

Beispiel: Herr Müller grüßt die Nachbarin.

Die Nachbarin grüßt Herrn Müller.

Der Hund bellt einen Spaziergänger an.

(Umkehrung ist nicht möglich!)

Varianten

(1) Die Spieler schreiben das Wortmaterial an.

(2) Mündliche Durchführung: Ein Spieler wirft einem anderen einen Ball zu, der nennt einen Satz und gibt den Ball weiter. Der nächste muß entscheiden, ob die Umkehrung möglich ist, nennt sie, gibt den Ball weiter usw.

170 Jedes Wort an seinen Platz!

F Ordne die durcheinandergewürfelten Wörter zu sinnvollen Sätzen!

- Vergiß nicht mich!
- Ich mache Sie darauf aufmerksam, daß Sie sitzen auf meinem Hut.
- Waren es etwa zwei Monate vergangen, seitdem eines unserer Bücher ihrer Freundin meine Frau geliehen hatte.
- Nicht lange deshalb machte Fußball Jürgen Hausaufgaben und alle spielte.

- Am Steuer
  Eine junge Autofahrerin eine Kurve derart leichtsinnig nahm mit Sportwagen ihrem, daß sie streifte und zu Boden eine Frau riß. Nicht aber aus Strafe vor Angst stoppte sie, sondern fuhr weiter. Und der Gestürzten ein Polizist half sie fragte: „Nummer die des gesehen Wagens haben Sie?" „Nein", sagte Frau die zitternde, „aber am Dame Steuer die trug blaue eine Baskenmütze, Pullover einen roten, einen einen gelben Schal Kamelhaarmantel und!"

171 Wenn das Wörtchen „wenn" nicht wär, ...

F *Vorgegeben wird ein Konditionalsatz. Die Aufgabe besteht darin, daraus eine Folge abzuleiten. Im nächsten Satz wird die Folge zur Bedingung, und es ist eine neue Folge zu formulieren usw.*

Beispiel: Wenn wir Pillen statt Speisen hätten, brauchten wir nicht so viel Zeit zum Essen. Wenn wir nicht so viel Zeit zum Essen brauchten, könnten wir ...

172 Kaum zu glauben!

F Merkwürdige Sachen sind hier passiert. Setze die Kommas an die richtige Stelle, und alles kommt in Ordnung!

– Plötzlich stand ein Mensch vor mir auf dem Kopf, einen steifen Hut an den Füßen, zerrissene Schuhe in der Hand, einen dicken Stock im Mund, eine erloschene Zigarre in finsteres Schweigen gehüllt.

– Elke rannte zum Sportplatz im Hemd, den Zettel mit der Nachricht aufbewahrend im Sinn, den geliebten Freund auf dem Butterbrot, Erdbeerkonfitüre im Haar, ein Band aus Samt durch die Nase, tief die würzige Luft atmend.

– Das Klassenzimmer wurde geschmückt mit fortschrittlichen Liedern, die Zeit bis zur Ankunft des Direktors verbracht in sinnloser Langeweile, keine Sekunde fröhlich, und erfolgreich wie immer verging der Tag bis zum glücklichen Ende. (Nach F. Fühmann: Die dampfenden Hälse der Pferde im Turm von Babel, Berlin 1978)

173 Bedeutsame Unterschiede

F – Entscheiden mußt du dich, nicht zögern darfst du.
Entscheiden mußt du dich nicht, zögern darfst du.

– Er liebt sie nicht.
Er liebt, sie nicht.

– Nach links nicht, nach rechts sollst du gehen!
Nach links, nicht nach rechts sollst du gehen!

– Peter, mein Bruder, und ich fahren zum Zelten.
Peter, mein Bruder und ich fahren zum Zelten.

174 Scherzhafte Konjugation

A Die folgenden Substantive lassen sich konjugieren! Die Orthographie spielt dabei keine Rolle.
Versuche es!

Beispiel: **Seerosen**   **Rettich**
ich seh Rosen   ich rett dich
du siehst Rosen ...   du rettst dich ...

Weinsäure – Lachgas – Latein – Raubritter – Hebebühne –
Stahlschienen – Greifvögel – Trinkwasser – Knackwürste – Fes-
selballon – Serum – Waschfrauen – Faltboote – Rollmöpse

Varianten
Die Lernenden finden selbst geeignete Beispielwörter.

175 Wir alle machen etwas!

A Verbinde die Substantive mit „machen" und konjugiere!
Wer kann es am schnellsten?

Sport, Deutsch, Theater, Fotos, Fehler, Unsinn, Urlaub, eine
Reise, Filme, Kaffee, das Essen, einen Besuch, Spaß

176 Wer macht ein Gedicht?

F Verwende die Substantive unter Nr. 175, die Adjektive **gut, besser, schön, blind, dumm,** Pronomina und „machen"!
Baue auch Fragen ein! Es muß sich nicht reimen!

Beispiel: Ich mache gern Spaß.
          Und du? Machst du gern Spaß?
          Und Ihr?
          Ihr macht nur Unsinn!

          Er macht Fotos, sie das Essen,
          wer macht's besser? Kann man's essen?
          Was macht dumm, und wer macht Dummes?
          Was macht blind, und wer macht Krummes?
          Was macht mutlos, wer macht Mut?
          Wir machen Schluß nun, ihr macht's gut!

177 Poetische Versuche

F Baue kleine Texte, indem du die Verben **lieben, gehen, sein**
konjugierst! Finde Überschriften!

Beispiel: Eifersucht   Verzweiflung

  Du gehst aus. Du gehst fort.
  Er geht mit.   Ich gehe kaputt.
  Ich gehe hoch.

  Ich bin!
  Wer bist du?
  Bist du . . .?
  Bist du vielleicht . . .?
  Oder bist du gar . . .?
  Und was bin ich?
  Bin ich . . .?
  Bin ich . . .?
  Ach was, ich bin!

Gefälschtes

178 Druckfehlerteufel

F Hier mußt du aufmerksam korrigieren!

Ein Medizienstudend wird geprühft. Der Profesor fragt in: „Was ist ihrer Meinung nach daß beste Schlaffmietel?" Schnell antwordet der Studehnt: „Das Beet, Herr Professer!"

Das Tema des Schulaaufsazes lautet: Wen ich Direktor wäre. Alle schreiben lohs. Nur Ralf siezt gelanweilt da, und schaut zum Fänster hinaus. „Warum schreibst Du denn nichts?" fragt der Leerer. „Ich warte auff meine Säkrätärin", erwiedert Ralf.

Der Lehrer schreibt Zaalen mit Detzimalställen an die Tahfel und erklährt, das er mit zehn multiblizirt, und wischt das Koma weg. „Wo befindet sich das Koma jezt?" „Im Schwam!" ruft Monika.

Herr Krause hat Halsschmertzen und geht zum Artzt. Der untersucht ihn und sagt: „Das sind die Manteln, die müßen raus!" Einige Zeit nach der Oberation kommt er wieder und klackt über Leipschmerzen. „Der Blindarm muss raus!" ordnet der Arzt an. Nach erfolgter Operation kommt der pazient wieder und sagt: „Ich waage es kaum zu sagen, ich habe Kopfschmertzen."

Lügen-Ballade

Im Apfelbaum, im Apfelbaum,
da schauckeln sanvt Zietrohnen.
Es schauckelt auch das weiche Nest,
in dem Girafen wonen.

Die freßen die Banahnen auf
und schmatzen um die Wätte.
Sobald die Pflaumen alle sind,
gehn sie gantz leiß zu bette.

Wer sie dort schnarchen hören Will,
der darf sie nur nicht stöhren.
Die können selbst im tiefsten Schlaf
das Montkalp atmen hören.

Im Apfelbaum, im Apfelbaum,
da schaukeln samft Zitronen.
Es schaukelt auch das weiche Näst,
in dem Giraffen wohnen.

Wer sagt, er sah sie dort noch nieh,
dem fehlt – sehr einfach – Fantasie.

Gerd W. Heyse

179   Fremdwörter sind Glückssache

F   Die Fremdwörter sind falsch gewählt. Die richtigen klingen
     ähnlich. Korrigiere!

– Der Schnellzug raste der Konsole des Landes entgegen.
– Du bekommst das Heilmittel nur auf Konzept.
– Vor Aufregung hat er seine Serviettenknöpfe verlegt.
– Auf Anraten des Arztes schluckte er täglich drei Halsman-
  schetten.
– Die Ereignisse waren von großer Neutralität.
– Auf der Obstmontage war die Arbeit in vollem Gange.
– Die Definition ins ewige Eis verlief erfolgreich.

- Werner wurde auf der letzten Versammlung ins Podium gewählt.
- Die Wissenschaft von der Entwicklung der Erde ist die Galerie.
- In dem kleinen Laden gab es ein reichhaltiges Kompliment an Damenkleidern.
- Er machte ihr die schönsten Sortimente.
- Bei den Olympischen Spielen wurde ein neuer Rekord im Radiuswerfen aufgestellt.

180 Freigelassene Losverkäufer

F Unterscheide Falsches und Richtiges!

- jugendloser Spielfilm
- disziplinfreier Schüler
- schulterloses Abendkleid
- schlaflose Nacht
- arbeitsloser Sonnabend

- eisfreier Hafen
- kniefreier Rock
- alkoholloses Getränk
- fieberfreier Patient
- nahtfreie Strümpfe

181 Unsinniges

F Korrigiere die Suffixe!

- eine verständige Bitte
- eine ungläubige Nachricht
- ein spärlicher Hausherr
- ein gewaltsames Bauwerk
- ein furchtsames Unwetter
- ein herzliches Frühstück
- ein schädlicher Zahn
- eine schreckhafte Prüfung
- eine vierzehntägige Vorlesung
- ein holziges Regal
- ein gläserner Blick
- wollenes Haar

182 Europäisches

F Welche Ableitungen wurden hier falsch gebildet?

Finnland	Finne	finnländisch
Norwegen	Norwege	norwegisch
Albanien	Albanienser	albaniensisch
Italien	Italiener	italisch
Frankreich	Franke	fränkisch
Bulgarien	Bulgarer	bulgarisch
Portugal	Portugalese	portugalesisch
Wales	Walser	walserisch
Dänemark	Dänemärker	dänemärkisch
Belgien	Belge	belgisch

183 Mal so, mal so

F Die Hälfte der Pluralformen ist falsch.
Du findest sie bestimmt!

Kaktus – Kakteen   Turnus – Turnusse
Globus – Globen   Rhythmus – Rhythmusse

Kompaß – Kompasse   Inserat – Inseräte
Paß – Passe   Rat – Räte

Athlet – Athleten   Kartoffel – Kartoffeln
Paket – Paketen   Stiefel – Stiefeln

Faß – Fässer   Dach – Dächer
Erlaß – Erlässer   Krach – Krächer

Stadion – Stadionen   Salat – Salate
Station – Stationen   Soldat – Soldate

184 Abkürzungsfimmel

F Was bedeuten die Abkürzungen wirklich?

Abk.   = Abkehr
Aufg. = Aufgang

z. B.   = zum Bahnhof
bes.   = besessen
a. a. O. = an alle Omas
usw.   = unsere saubere Weste
z. T.   = zentrale Teestube
z. Z.   = zwei Zwillinge
ff.   = fortfahren
u. a.   = uralt
km   = komme morgen
kg   = kein Gemüse
Std.   = siebentausend Dackel
FKK   = fliegen kann keiner
LKW   = Liebe kostet wenig

185 MM – Mach mit!

F Finde Erklärungen für die Abkürzungen!

Ein Spieler nennt eine Abkürzung, die anderen finden dafür eine – möglichst witzige – Erklärung und rufen sie ihm zu. Für die beste Erklärung gibt es einen Punkt.

Varianten
(1) Die Abkürzungen stehen an der Tafel, die Spieler arbeiten einzeln schriftlich. Sieger ist, wer zuerst fertig ist.
(2) Es werden zwei Mannschaften gebildet. Die Abkürzungen werden genannt; die Mannschaft, die am schnellsten die meisten Punkte sammelt, ist Sieger.

Beispiele für Abkürzungen sind: LKW, UKW, DRK, Dr., km, Fe, Limo, Lok, Krimi, Auto, Zoo, Uni, Stip, …

186 Alles, was Beine hat, läuft!

A Nenne vier Sätze mit gleicher sprachlicher Struktur, von denen drei eine richtige, einer aber eine falsche Aussage enthält.

Beispiel: Menschen laufen, Ameisen laufen, Tische laufen, die Zeit läuft.

Die Mitspieler heben bei richtiger Aussage beide Hände und lassen sie bei falscher Aussage unten. Wer nicht richtig anzeigt, scheidet aus. Es kommt auf Schnelligkeit an!
Die Ausgangssätze sind durch alle möglichen Verben zu variieren.

Beispiel: Alles, was Räder hat, fährt.
Alles, was Flügel hat, fliegt.
Alles, was einen Schnabel hat, pfeift. usw.

187 Der Elefant bellt

A Entscheide, ob die Aussage falsch oder richtig ist!

Der Spielleiter nennt Sätze, die inhaltlich richtig bzw. falsch sind. Die Spieler entscheiden mit Hilfe von Signalkarten. Wer die falsche Entscheidung trifft, scheidet aus.
Bei schriftlicher Durchführung entscheidet die Zahl der richtigen Lösungen.

Beispiel: Der Kilimandscharo ist der höchste Berg der Welt. –
falsch
Zu dem Wort „Mut" gibt es keinen Plural. – richtig
Eine Trompete ist ein Streichinstrument. – falsch
Die Olympischen Spiele fanden 1980 in Moskau statt.
– richtig usw.

Varianten
Die Spieler stellen selbst Aussagen zusammen.

188 In Zeitungen entdeckt: Wort- und Satzfalschspieler

F Weise die sprachlichen Mängel in den folgenden Formulierungen nach! Wer korrigiert am besten?

– Für ihre gute Arbeit wurde die Lehrmeisterin Christa Funk besonders gelobt und durfte sich eine Spezialbearbeitung von Fips Fleischer wünschen.
– In dieser Frage kann man den Leipziger Wirtinnen vertrauen, denn sie haben 800 Jahre lang Erfahrungen mit Messegästen.

- Klar schießen unsere Jäger mit Suhler Waffen. 330 Hasen, allein von der Jagdgemeinschaft Rötha und ihren Gästen zur Strecke gebracht, können davon ein Liedchen singen.
- Brigitte Werner leistete während der Umgestaltung der Drogerie wertvolle Arbeit, so daß sie zehn Tage vorfristig einem großen Kundenkreis im neuen Gewand übergeben werden konnte.
- In der Spezialschule zu X. wurde mit Hilfe einer Spendenaktion ein neuer Behandlungsraum im Werte von 10 000 DM auf die Beine gestellt.
- Urlauber! Ab sofort bis Oktober Übernachtungsmöglichkeiten für zwei Personen mit fließend warmem und kaltem Wasser.
- Diana war eine rassische Schönheit, nicht nur als Ballettdame.
- Die zehnbändige Ausgabe des in Stadtroda geborenen Zoologen . . .
- Mit großer Einsatzbereitschaft nahmen die Lehrer an der Analphabetisierung teil.
- Der Friseur zeigte mir im Spiegel, wie er mir den Hals abrasiert.
- Da gibt es eine Frau, die kümmert sich um Wäsche, Handtücher und Bettbeziehungen.
- Zuerst wollte er feststellen, ob der Arm ganz ist. Der Arm war zwar verwundet, aber die Finger waren alle. Das war in diesem Moment das wichtigste.
- Wir zünden den Weihnachtsbaum an.
- Du warst angeln? Hast du die Fische angebissen?
- Der Arzt durchsuchte mir den Magen.
- An der Feier beteiligten sich Dozenten und andere Geistschaffende unserer Fakultät.
- Ich mußte zur Untersuchung mit den Augen gehen.
- Der Friseur sprengte den Kopf mit Haarwasser.
- Ich besuchte gestern einen Vortrag von J. W. Goethe.
- Ich gab das Kleid in die Schönfärberei, um es rot zu machen.
- Die ganze Wohnung wird beim Saubermachen meines Mannes auf den Kopf gestellt.

189 Jäger-Latein

F   Korrigiere die Fehler! Wer findet die meisten?

Drei Jäger gehen in die Jagt und wollen einen Hirsch verlegen.
In der Pause stärken sie. Der erste trinken eine Flasche Milch:
„Milch fordert das Denken und die Seekraft." Zweiter nimmt
eine Flasche Kaffee aus dem Rückensack: „Erst Kaffee beruhigt
die Nerwen." Der letzte hervorbringt eine Flasche Wodka. Da
prozessieren die anderen ganz energisch. Doch Jäger erklärt
unverirrt: „Schnaps gibt eine ruhige Hand." Während diesem
Streit taucht plötzlich ein Hirsch unter. Drei legen das Gewehr
an und feiern. Der erste wird nicht treffen, der zweite schoß
auch daneben. Der dritte wackelt mit das Gewehr hin und zurück, drückt ab – und dem Hirsch singt getroffen zusammen.
Die beiden bewundern den Meisterschützen. Der sagen gelassen: „Es ist doch keine große Kunst, aus einem so großen Rudel
einen Hirsch zu treffen."

190 Unpassendes

F   Füge die Bestandteile der beiden Gruppen zu sinnvollen Sätzen zusammen!

– purzelt der König. – schützen das Haus. – zog ächzend den
Wagen. – lustig zu gehen. – weine nicht so sehr. – lache nicht etwa. – ich heiße Würstchen. – talsperre erfüllte nicht die in sie
gesetzten Erwartungen. – herangebracht. – stinkt nicht mehr. –
gelernte kam ihm sehr zustatten. – essen nur wenig.

Die Waren wurden nach Te – Er fürchtete, seines Lehens ver –
Danach bestellte – Da trat aus seinem Pur – Das berührt unsere
Inter – Dann bestieg der alte Her – Übersieh die Wasser – Wir
besitzen diesen In – Die gute Spar – Dann besetzten Scharf –
Die Kontinen – Ich liebe die Süd

191 Mosaik

F In der folgenden Geschichte sind die Sätze durcheinandergeraten. Ordne sie!

Er hatte schon viele Generationen von Schauspielern und Schauspielerinnen überdauert. Wenn er sich in der Tür umwandte, war der Hof schon wieder mit Blättern bestreut. Es ging ihm genau wie dem Bühnenportier, der schon den dritten Theaterdirektor überlebt hatte. Im Hof eines Theaters stand ein Ahornbaum. Er hob den weißhaarigen Kopf und rief dramatisch: „Verfluchte Natur!" Fünfmal hatte er das schon getan, und der Hof wollte nicht sauber bleiben. Eines frostigen Herbsttages fegte er die abgewehten Blätter des Ahornbaumes zusammen, bis der Hof sauber war.

192 Laß dich nicht irreführen!

F Der folgende Text ist inhaltlich völlig unsinnig. Das entstand dadurch, daß die Haupt- und Nebensätze der Satzgefüge durcheinandergeraten sind. Ordne sie!

Ein seltsamer Fälscher wurde in Japan gefaßt, ehe man auf die Fälschung aufmerksam geworden war. Er hatte Schmetterlinge gefälscht, die angeblich unbekannt waren. Diese Arten verkaufte er dann zu Höchstpreisen an Schmetterlingssammler, da es ungefähr 200 000 verschiedene Sorten von Schmetterlingen gibt. Indem er die Flügel der Tiere mit Klebstoff bestrich und den Staub farbiger Pastellstifte daraufstreute, konnte der Schwindler seine Tätigkeit jahrelang ausüben.

Rätselhaftes

193 Größer, kleiner, tiefer als . . .

A Rate schnell! Es gibt viele Lösungen!

Was ist tiefer als ein Fluß?
Was ist härter als die Nuß?
Was ist höher als ein Haus?
Was ist kleiner als die Maus?
Was ist schneller als ein Zug?
Was ist schärfer als ein Pflug?
Was ist größer als die Gans?
Rate schnell, mein lieber Hans!

194 Neunmalkluge Fragen

F Rate, aber überlege gut! Nur eine Antwort ist richtig!

- Wer kann ins Feld gehen, ohne sein Haus zu verlassen?
- Welcher Pelz kann essen und trinken?
- Wie schreibt man ‚dürres Gras‘ mit drei Buchstaben?
- Welche Schuhe zerreißen nicht an den Füßen?
- Auf welchem Kopf wachsen keine Haare?
- Was brennt und verbrennt doch nicht?
- Was läßt sich nicht mit Worten ausdrücken?
- Welches Gewicht muß der Mensch mindestens haben, um gehen zu können?
- Bei welchem Körperteil ist alles umgekehrt?
- Wo auf der Erde ist es am dunkelsten, wenn es am hellsten ist,

am kühlsten, wenn es am wärmsten ist, und am wärmsten wenn es am kühlsten ist?
- Was steht mitten in Rom?
- Welche Krankheit hat noch in keinem Land geherrscht?
- Wer hat die meisten Reisen um die Erde gemacht?
- Welcher Schlüssel schließt kein Schloß?
- Wer kann fünf aufeinanderfolgende Tage der Woche nennen, in denen kein a vorkommt?
- Welcher Spiegel wird von selbst wieder ganz, nachdem man ihn zerstört hat?
- Wer frißt Eisen und Stahl und verdirbt sich doch nicht den Magen?
- Wie kann man Wasser im Sieb tragen?
- Wie heißt das genügsamste Tier?
- Welcher Abend fängt schon am Morgen an?
- Welches Kleidungsstück findet die meisten Abnehmer?
- Wer hat die Hühneraugen am Kopf?

195 Der Mensch – eine Maschine

F Welche Röhren, Klappen, Scheiben, Gelenke, Nägel, Flügel hat der Mensch?
Finde entsprechende Komposita! Ein rückläufiges Wörterbuch hilft dir, der Beste zu werden.

Beispiel: Luft**röhre**, Herz**klappe**, Knie**scheibe**, . . .

196 Wer ist klüger – das Ei oder die Henne?

A Rate!

- Du siehst es stets bei Sonnenschein.
  Am Mittag ist es kurz und klein,
  es wächst bei Sonnenuntergang
  und wird gar wie ein Baum so lang.

– Es hat einen Rücken und liegt nicht drauf.
Du brauchst keinen Hammer und schlägst es auf.
Es ist kein Baum und hat doch Blätter,
besitzt keinen Mund und spricht vom Wetter.

– Zwei sind's, die nebeneinander stehn
und alles gut und deutlich sehn.
Doch sieht eins das andre nicht,
und wär's beim hellsten Tageslicht.

– Ich habe vier Füße, kann trotzdem nicht gehen.
Ich muß oft viel tragen und muß immer stehen.

– Wenn etwas Hohes ins Wanken gerät,
ist schuld ein S, das vor ihm steht.

– Ein guter Turner ist der Franz,
er macht die „e" mit Eleganz.
Mit „u" bereitet's Schmerzen. Sieh!
Als Pflanze kennst du sie mit „i".

– Von vorn preist es ein jeder Mann,
von hinten grunzt es alle an.

– Von vorn ist es dein höchstes Glück,
von hinten trübt es dir den Blick.

– Von vorn erinnert's dich ans Ende,
von hinten wächst es sehr behende.

– Ihn mußt du vorzeigen,
ohne ihn darfst du nicht einsteigen.
Kannst du ihn nicht kaufen,
so rate ich dir zu laufen.

197 Scherzhafte Verbindungen

F Aus den folgenden 25 geschüttelten Wörtern sind 25 neue
Wortverbindungen zu bilden, die sich aus den nicht ganz ernst
gemeinten Fragen ergeben:

Adventsnacht – Bahnbank – Bratendampf – Doseneis – Eisenschwein – Engelsrute – Fahrtwunsch – Haarblumen – Ingwereis – Irrbahn – Kranzzettel – Marzipanschlitten – Männchenspiel – Musikgänse – Eiskatze – Dauergaben – Partielicht – Plätzchenmaschine – Räucherofen – Spielnuß – Stollenrutsch – Wursttisch – Weihnachtskrippen – Zapfenknacker – Naschbesen

Die Anfangsbuchstaben der neuen Wortverbindungen ergeben, von oben nach unten gelesen, eine musikalische Weihnachtsvorfreude.

1. süßes Haustier _____
2. warme Sitzgelegenheit _____
3. anrüchige Gestalt _____
4. geflügelte Mahlzeit _____
5. väterliches Kinderspielzeug _____
6. erzgebirgischer Rätselfreund _____
7. feiertägliches Drama (bis 3 Jahre) _____
8. heilfördernde Näscherei _____
9. kratzbürstiges Leckermaul _____
10. fauchender Antrieb _____
11. kalte Nadelbaumfrucht _____
12. glatter Ausflug _____
13. bergmännischer Festtagsgang _____
14. verkehrte Baumbeleuchtung _____
15. vereister Zug _____
16. unverwüstlicher Brotbelag _____
17. gleitende Winterreise _____
18. vorweihnachtlicher Papierstreifen _____
19. saisonbedingte Rundleuchte _____
20. musikalisches Behältnis _____
21. verschenktes Sammelsurium _____
22. tiefgekühlte Gewächse _____
23. überlebtes Drohmittel _____
24. himmlischer Kopfschmuck _____
25. später Ohrenschmaus _____

198 Beruferaten

F In den Silben sind 9 Berufsbezeichnungen versteckt. Die 10. ergibt sich, wenn du die Anfangsbuchstaben der Lösungswörter
von oben nach unten liest.

am – au – bahn – cha – cher – dach – dek – dels – e – funk – han
– heb – her – hofs – in – kauf – ker – ker – ker – la – lek – ler –
lum – ma – mann – me – me – ni – pen – rund – samm –
stal – ste – ßen – teur – tri – uhr – vor

1. _____ steht mit einer roten Mütze vor
   einem öffentlichen Gebäude
2. _____ repariert Hähne
3. _____ heißt heute: Sekundärrohstoff-
   erfasser
4. _____ schaut von oben herab
5. _____ hat schwer zu heben
6. _____ reist von Messe zu Messe
7. _____ bei ihm tickt es
8. _____ hat nie Kurzschluß
9. _____ bringt Geräte zum Klingen
10. _____ ist ein Künstler

199 Ratespiele

A *Eine Person, Sache, Tätigkeit, Eigenschaft wird nicht genannt,
sondern durch Angaben wie Eigenschaften, Lage, Anfangsbuchstaben (+ weitere Buchstaben), Synonyme oder Definitio-
nen gekennzeichnet.*

*Wer das Gemeinte errät, bekommt einen Punkt und darf das
nächste Rätsel angeben. Sieger ist, wer die meisten Punkte hat.*

Beispiel: Meins ist gelb, rund, . . .
Meine Stadt liegt . . .
Mein Tier beginnt mit i, . . .
Ein Synonym für ‚klug‘
Die Fische tun es.

200 Welche Zahlen stecken in den Wörtern?

A   Lachtaube   Verzweiflung
     Distelfink   Rundreise
     Handreichung   Kleinstadt
     Klavierstunde   Kurzweil

201 1itzer und 11enbein

A   Rate die Wörter!

1tein; 2sitzer; 3angel; 4zylinder; 5stromland; 6eck; 7gestirn; 8pfünder; 9malkluger; 10kampf

202 Un2felhaft

F   Finde selbst Wörter, in denen sich Zahlen versteckt haben. Sie können auch mitten im Wort stehen.

Beispiel: un2felhaft, un8sam

203 Geheime Zahlen

A   Schreibe die Sätze richtig auf!

Schau dir einmal diese Bücher an! Mir gefällt k1 von beiden.
Jeder Baum hat Äste und 2ge.
Du darfst nicht immer so 3st sein!
Kühe und Pferde gehören zum 4h.
Ein 5fkchen ist ein kleiner Funke.
An der Ost6hse gibt es viele Urlauber.
Vor dem Kuchenbacken muß man das Mehl 7.
8e immer auf deine Bücher!
Hast du 9ne Schuhe?
Beim Sport hat 11i die große 10ne gebrochen.

204 Geheimschrift

F   Welche Wörter verstecken sich hinter den seltsamen Zeichen?

2fel   Rlschrift   ver8en

L4A sitzt am Kla4

Man ist nie lam, wenn man eine Run3se m8.

wwC   TanT   K + E

Wc   TinT   TER – TER

Wil   T weih   B +
‾‾‾‾
helm

lage   el el el el
‾‾‾‾
Schreib   el el el el

Fluß   e e e e
‾‾‾‾   putzen
gang   e e e e

e e e e e e e   br   br

G͟ ͟G͟ ͟G͟ ͟G͟ ͟G͟ ͟G͟ ͟G   br   bär   br
⊙   ⊙   ⊙   ⊙   br   br

r hat e lassen Botschaft

Bitte Redung
‾‾‾‾‾
      um

d l ⚡ schied + m l ⚡
‾‾‾‾‾‾‾‾‾‾
          der

Kind   nimmst
‾‾‾‾   was   ‾‾‾‾‾ !
lege   du

205 Bildwörterbuch

A   Errate die Wörter aus den Bildern!

1)   2)

135

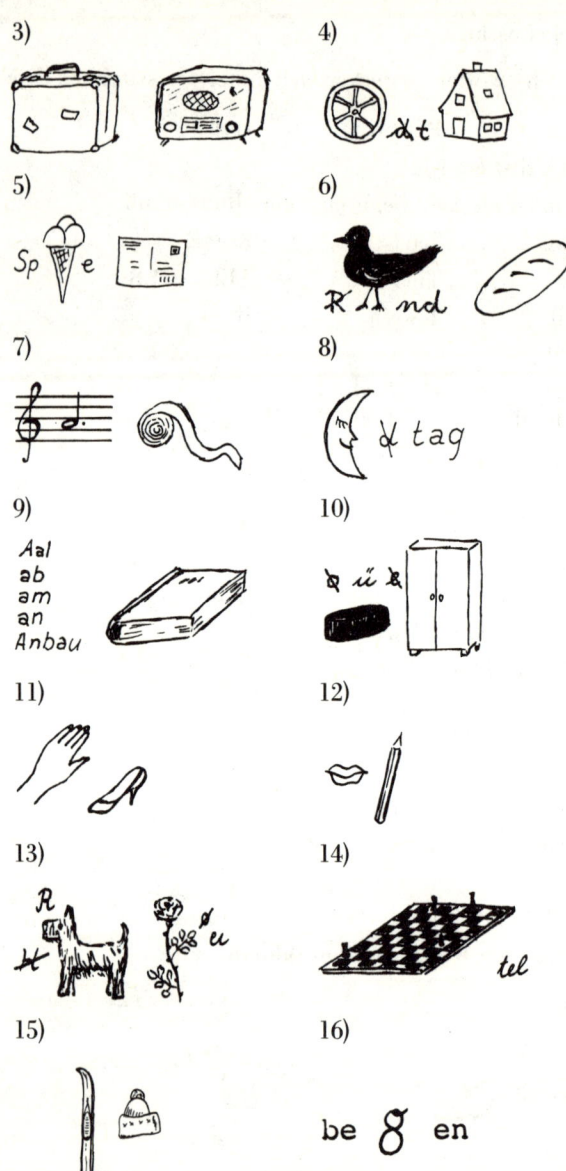

3)

4)

5)

Sp [ice cream] e   [postcard]

6)

R [bird] nd   [bread]

7)

8)

[moon] x tag

9)

Aal
ab
am
an
Anbau

10)

x ü x
[eraser]

11)

12)

13)

R
x [dog]   [rose] x u

14)

tel

15)

16)

be 8 en

17) *halten*
   sich

18) sich n

206 Wortbilder

A Erkennst du die Wörter? Und was bedeuten sie?

Spaß   Oster

Schlaf   Mai

Esels   Weihnachts

Glücks   Strumpf

Kranken   Auto

gucker   Raum

kuchen   Heil

feige   Brat

bein   Pfeffer

                    Lese

207 Wortwechsel

A Nenne die Begriffe und tausche den angegebenen Laut aus!
Welches neue Wort erhältst du?

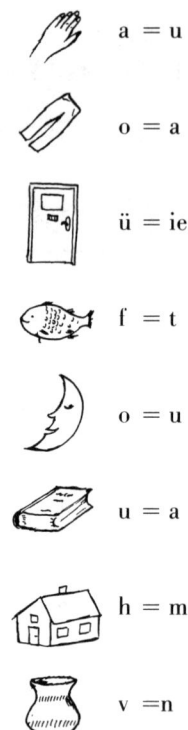

a = u

o = a

ü = ie

f = t

o = u

u = a

h = m

v = n

208 Bildlichkeit

F In jedem Bild verbergen sich mehrere Substantive.
Welche?

In jedem Bild verbergen sich mehrere Substantive.

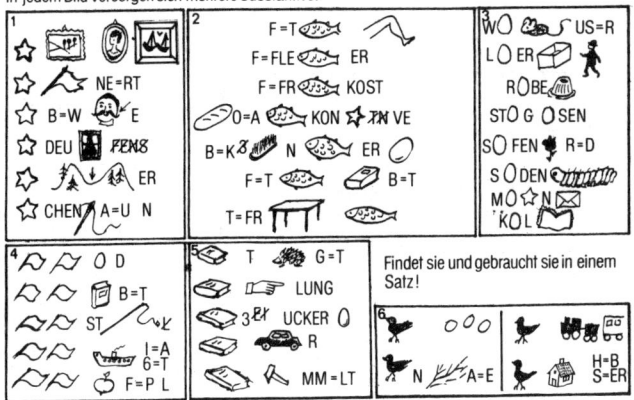

209 Füllrätsel

A

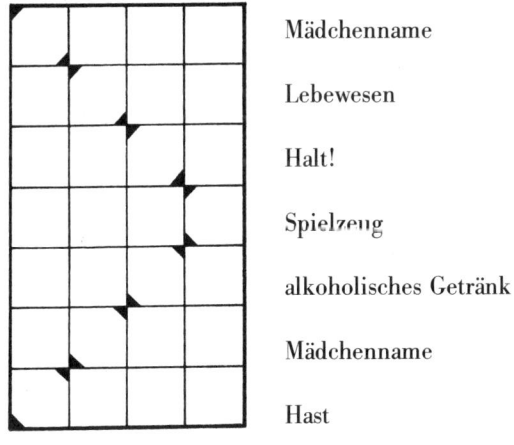

Mädchenname

Lebewesen

Halt!

Spielzeug

alkoholisches Getränk

Mädchenname

Hast

F

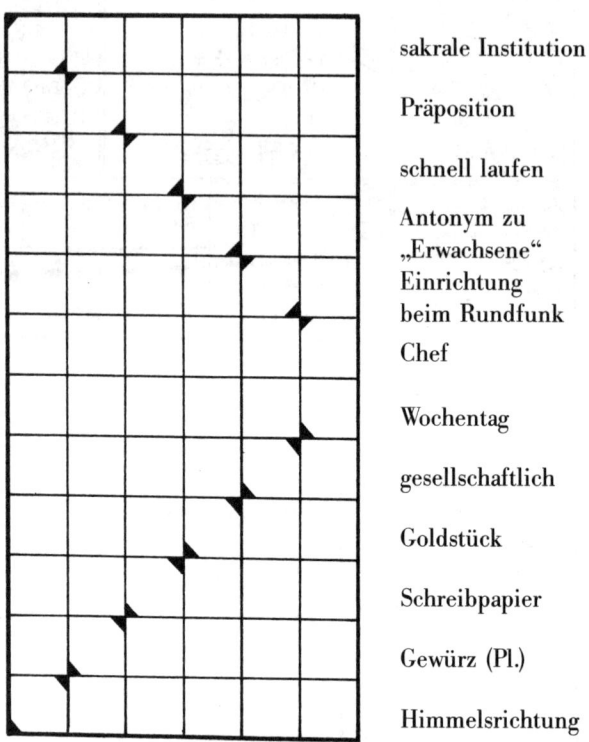

sakrale Institution

Präposition

schnell laufen

Antonym zu
„Erwachsene"

Einrichtung
beim Rundfunk

Chef

Wochentag

gesellschaftlich

Goldstück

Schreibpapier

Gewürz (Pl.)

Himmelsrichtung

In die Felder sind waagerecht 12 Wörter mit je 6 Buchstaben einzutragen. Die Buchstaben in den gestrichelten Feldern ergeben – von oben nach unten gelesen – die Bezeichnung für eine Einrichtung der Vorschulerziehung.

211
F Fülle das Rätsel A aus! Verändere dann den mittleren Buchstaben aller Wörter so, daß neue Wörter entstehen! Die mittlere Spalte des Rätsels B ergibt die Bezeichnung für einen Gegenstand, der beim Bahnfahren nötig ist.

A   **B**

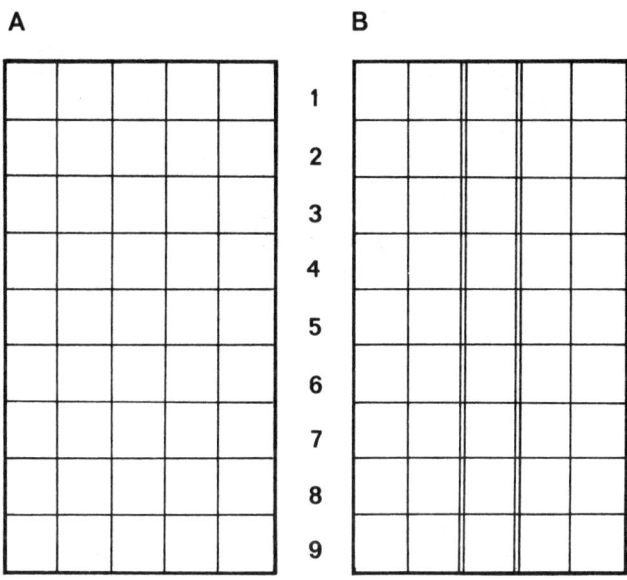

1. Bootszubehör   Schreiender
2. Präteritum von „kriechen"   Lärm
3. mit dem Gehör Aufneh-   Komparativ von „hoch"
   mender
4. Begrenzung eines Quaders   rechteckiges, festes Stück
                                  Papier
5. himmlisches Wesen   Verwandter
6. Kleidungsstück   Hohlkörper
7. Heizvorrichtung   Mädchenname
8. Gefäß   Absonderung von Wunden
9. Sportgerät   Mannschaft im Sport

F

1	2	3	4		5	6	7	
8				◣◢	9			◣◢
◣◢	10					◣◢		11
12				◣◢		◣◢	13	
	◣◢		◣◢	◣◢		14		
15						◣◢		

Waagerecht:
1. Produktionssystem 8. biblische Gestalt 9. unbestimmter
Artikel 10. Volk in Osteuropa (Pl.) 12. Biene 13. Präposition
14. Weltorganisation 15. Unsinn
Senkrecht:
1. Präposition 2. Richtschnur 3. Finger 4. deutscher Schrift-
steller 5. Destillationsprodukt 6. japanische Münze 7. Präposition 11. Liebesgott 12. Nebenfluß der Donau 13. Präposition 14. Abkürzung für „Vereinigte Staaten"

F

1	2	3	4	5	◣◥
6					◣◥
7		◣◥	8		9
	◣◥	10			
◣◥	11		◣◥		
12			◣◥	13	
14		15		◣◥	
16		◣◥	17		

Waagerecht:
1. Fahrt 6. Gefäß 7. Trumpf 8. Farbe 10. Mädchenname
11. Präteritum von „kommen" 12. Papagei 13. Flächenmaß
14. Beruf 16. Präposition 17. russisch „hundert"
Senkrecht:
1. wirklich 2. gefrorenes Wasser 3. Präposition 4. Impfstoff
5. Liebesgott 9. Baustoff 10. großer Raum 11. altes Zeug
12. Kurzwort für „Amerikaner" 13. Sorte 15. Pronomen

214 Worträtsel

F Die Anfangsbuchstaben der zu suchenden Wörter ergeben bei richtiger Lösung – von oben nach unten gelesen – ein „zweideutiges" Kleidungsstück.

(1) Bekleidungsstück für die kalte Jahreszeit   _____

(2) Bekleidungsstück des Mannes   _____

(3) notwendiges Utensil eines Schneiders   _____

(4) Synonym für „geschmackvoll"   _____

(5) Schmuckelement an manchen Damenmänteln   _____

(6) Amtstracht   _____

(7) Modefarbe   _____

(8) feines Material für Damenunterbekleidung   _____

(9) Stoffmusterung   _____

215 Silbenrätsel

F Alle Wörter bezeichnen Menschen, aber nicht lauter sympathische. Die Anfangsbuchstaben der zu suchenden Wörter ergeben – von oben nach unten gelesen – die Bezeichnung für einen Mann, der sich dem Willen seiner Frau unterordnet.

(1) Frau, die das Putzen liebt   _____

(2) Frau, die nur für den Haushalt lebt   _____

(3) Mensch, der anderen auf die Nerven fällt   _____

(4) zärtliche Frau   _____

(5) Märchengestalt   _____

(6) kein fleißiger Mensch   _____

(7) Liebhaber von Damen   _____

(8) lange verheirateter Mann   _____

(9) leichtsinniger Mensch   _____

(10) böse Ehefrau   _____

(11) unsympathischer Mensch   _____

(12) einer, der anderen nach dem Mun-
de redet _____

(13) ein stürmischer Mensch _____

a – chen – chen – dra – drauf – e – e – en – faul – fel – frau – fuß
– gän – ge – ger – ha – haus – he – held – kels – ket – krüp – lei –
leicht – ner – o – pa – pel – pelz – put – putz – sä – schen – se –
se – ster – täub – tel – tel – ter – teu – tre – tur – ven

216 Wabenrätsel

F (1) Fahrt   (7) Woge
  (2) Antonym zu „Zwerg"   (8) Ferne
  (3) Teil des Kopfes (Pl.)   (9) Fessel
  (4) Baum   (10) Kurve
  (5) Gefäß   (11) Nichts / Vakuum
  (6) Teil des Halses

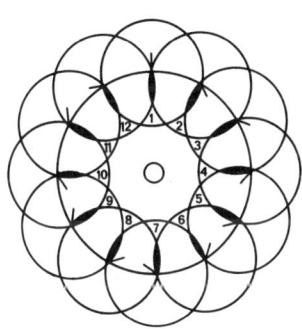

Anhang

Lösungen

Nr. 21:   Ost, Ast, Art, Arm

Nr. 22:   Ente, Gent, Tang, Gans
Torte, Sorte, Stare, Senta, Sahne

Nr. 26:   OSTEN, POLIKLINIK, EINWOHNER, RADIERGUMMI, NACHT, HALTESTELLE, UNTERRICHT, SCHMUTZIG

Nr. 27:   LICHTSPIELE, STRÜMPFE, FLEISCHWAREN, HEIMWERKER, LEBENSMITTEL, SCHREIBWAREN, WEINHALLE, THÜRINGER HOF, AUTOHAUS, GASTMAHL DES MEERES, EISDIELE, FRISEUR, ZWEIRADFAHRZEUGE, SÜSSER LADEN, TEPPICHE, JUNGE MODE, SCHALLPLATTEN, APOTHEKE, DROGERIE, UHRMACHER

Nr. 29:   Sängerin, Omnibusfahrer, Laborantin, Augenärztin, Klempnermeister, Techniker, Fleischer, Friseuse, Direktor, Kosmetikerin, Sekretärin, Malermeister, Ingenieur, Hortnerin

Nr. 30:   z. B. Frank, Elli / Ellen / Elke, Rolf / Horst, Karin, Irene, Erika / Marie, Peter, Harm

Nr. 31:   z. B. mager, langsam, alt, lang
kalt, kühl, heiter
schlank, groß, klug, lang
hübsch, höflich, blond, lieb
eifrig, flink, feurig
groß, klug, lieb, lang, launig, sorgsam, sauber, leise, braun,
sensibel
nett, klein, kühl, heiter, alt, rein
dick
dick
mager, reich

Nr. 32:   gibt; erlebte; Mann; von; aufheben; die; Hilfe; Restaurant;
Zur goldenen Schlange
Unfall; auf; Insel; einzigen; ein Moped; Fahrern; Kurve;
hatte
bekannt; kurze; einmal; Dichter; Frau; bei Freunden;
behauptete; jedes; lächelte; meinte; ein Ding; hat; wäre;
neugierig; Briefe; immer; Seite

Nr. 40:   Kindergarten; Jugendorganisation; Handtasche; Klassenzimmer; Hausschuh; Regenwetter; Ferienlager; Taschen-
uhr; Halstuch; Frühlingsblume

Nr. 50:   Maus, Affe, Rind, Graben / Rabe, auf / Schau, Lamm, Eis, Ei,
Arm, Dank, tausend / schön, breit / Eiter, Ding

Nr. 52:   Wurzel; nähen; weiß; Schule; Flüssigkeit; T; Berlin; etwas
zu essen; Endbuchstabe z; Post

Nr. 54:   Adamsapfel; Alibi; Almanach; anatomisch; Angelaben-
teuer; ankaufen; animieren; Andreas; Augustapfel; Bob-
bahn; Dankeswort; Dickwanst; elliptisch; ellenlang; Ernst-
fall; Editor; Gelatine; Helikopter; heraus; hinzaubern;
Heinzelmann; Hanswurst; inadäquat; Juliabend; kaiser-
lich; Kateridee; Kationen; Kurtaxe; Lotterielos; Lindenast;
Liliputaner; Leopard; Maikäfer; Markknochen; Maximum;

Metaphysik; Minarett; Mirabelle; Nickelbrille; Nikotin; Marathon; Romanistik; Tombola; Oleander; Ottomotor; Patenkind; Reinertrag; Residenz; Resistenz; Rosinenbrot; Samstag; Tonikum

Nr. 56: – Altenburg
– Annaberg, Rudolstadt, Moritzburg, Ludwigsfelde, Marienberg
– Bärenfels, Löwenberg
– Blankenburg
– Buchholz, Birkenfeld, Fichtenwalde, Eichenberg, Lindenberg, Eschwege, Tannenberg
– Eilenburg
– Eisleben
– Bad Elster, Falkenberg, Finkental, Geyersthal, Meißen, Rabenau, Taubenheim, Spechtsbrunn
– Finsterwalde, Finsterbergen
– Halberstadt
– Hohenstein
– Kleinmachnow
– Schweinfurt, Wolfen, Ziegenrück, Rehberg, Bienenmühle, Saubach, Roßleben, Hirschberg, Katzhütte, Hummelshain, Kranichfeld, Schwanheide
– Neustadt / Neuhaus
– Nordhausen
– Reichenbach
– Schönefeld / Schönebeck

Nr. 57: Anfang, Ball, Camping, dumm, Esel, Fehler, Gold, Hunger, Igel, Jammer, Krach, Labyrinth, Minimum, Nordpol, Ofen, Pause, Rostock, Sonne, Tandem, Unruhe, Vergangenheit, Wasser, Xanthippe, Ybbs, Zunge

Nr. 58: Eber, Ren, Pferd, Schwan, Hai, Kuh, Lamm, Gans, Schaf, Amsel, Henne, Hund, Sau, Pute, Erpel

Nr. 59: Linde, Arve, Lärche, Ulme, Tanne, Eibe, Buche, Espe, Pappel, Fichte, Palme, Erle, Esche, Eiche

Nr. 60: Lilie, Akelei, Jelängerjelieber, Geranie, Aster, Sonnenblume, Stiefmütterchen, Nelke, Rose, Fuchsie, Orchidee, Tausendschön, Maiglöckchen, Gänseblümchen, Löwenzahn, Kaiserkrone, Rittersporn, Eisenhut, Gerbera, Tulpe, Iris, Vergißmeinnicht, Anemone

Nr. 61: Annaberg, Mali, Schwerin, Weißenfels, Altenburg, Harz, Erzgebirge, Elster, Oder, Halle, Weimar, Aue, Jena, Kahla, Gera, Eisenhüttenstadt, Neuhaus, Hof, Erfurt, Mulde, Sonneberg, Schneeberg, Eisleben, Neisse, Lausche, Wiesenbad, Weißwasser, Liebenwerda, Werdau, Ludwigslust, Rügen, Herzberg

Nr. 69: Neffe; Onkel; Enkel; Urenkelin; Bruder/ich; Mutter; Opa; Vetter; Schwägerin; Oma; Mutter; Opa

Nr. 73: Verse; Ferse
         Aale; Ahle
         bis; biß
         lehrt; leert
         Meer; mehr

Nr. 75: Wasserhahn; Zelthering; Schraubenmutter; Geldinstitut; Futtermiete; Belag bei verdorbenen Speisen/auf Käse; Bergkamm

Nr. 76: As; Leiter; Bar; Auflauf; Kiefer; Rost; Pflaster; Schnur; Bank; Mutter

Nr. 77: Flur; Tor; Pflaster; Ring; Kamm; Schloß; Kiefer; Mutter; Feige; Hahn; Star; Schimmel; Strauß; Geschoß

Nr. 83: Unterhosen; Katzenjammer; hundeelend; Schäfchen; Kurzwaren; Schwarzfahrers; haarsträubend; Mann; schwarz; Kohlen

Nr. 121: Autofahrer; Anlasser / Starter; Schuster; Lebensmittelverkäufer; Lehrer; Scheibenwischer; Dachgepäckträger (Kofferbrücke); Wagenheber; Büchsenöffner; Korkenzieher; Kartoffelschäler; Klempner; Schweißer; Uhrmacher; Automechaniker; Fußgänger

Nr. 130: Die Katze und der Vogel
Die Katze hatte einen Vogel gefangen. Sie wollte mit ihm spielen, wie sie es bei Mäusen tat. So ließ sie den Vogel los. Er flog auf eine Leiter. Die Katze schlich ihm nach. Der Vogel flog höher. Die Katze schlich ihm hinterher. Da flog der Vogel aufs Dach. Die Katze sprang ihm nach. Aber der Vogel war schon auf dem Schornstein und flog in die Wolken. Die Katze konnte ihn nicht mehr sehen. Aber sie hörte noch sein Lied. „Tirili", sang er, „jage nicht nach Vögeln, wenn du vom Fliegen nichts verstehst!"

Nr. 131: (1) Ich habe es bemerkt. Wollen Sie denn schon gehen?
(2) Hat sich erledigt. Ich habe einen anderen gefunden.
(3) Wir haben keinen Hund.
(4) Mir auch nicht, aber meiner Mutter.
(5) Ein Löwe und vier Kamele.
(6) Ach, das ist doch Wurst!
(7) Ich bin ein Leopard.
(8) Aber sehen Sie nicht, daß meine Frau immer noch steht?

Nr. 132: 1. Das tapfere Schneiderlein
2. Rapunzel
3. Hänsel und Gretel
4. Hans im Glück
5. Dornröschen
6. Der Froschkönig

7. Der Wettlauf zwischen Hase und Igel
8. Schneewittchen und die sieben Zwerge
9. Frau Holle
10. Schneeweißchen und Rosenrot
11. König Drosselbart
12. Aschenputtel
13. Die Bremer Stadtmusikanten
14. Rumpelstilzchen
15. Der Fischer un sine Fru
16. Der gestiefelte Kater

Nr. 133:   1. Dat du min Lewsten büst, . . .
2. Sah ein Knab ein Röslein stehn . . .
3. Komm, lieber Mai, und mache die Bäume wieder grün . . .
4. O Tannenbaum, o Tannenbaum, . . .
5. Es war ein König in Thule . . .
6. Hoch auf dem gelben Wagen . . .
7. Kein Feuer, keine Kohle kann brennen so heiß . . .
9. Das Wandern ist des Müllers Lust . . .
9. Wenn ich ein Vöglein wär . . .
10. Horch, was kommt von draußen rein?

Nr. 135:   – Aller Anfang ist schwer
ein Auge zudrücken
– die Beine unter die Arme nehmen
ein Brett vor dem Kopf haben
– Angst vor der eigenen Courage haben
seine Chance verpassen
– jemandem aufs Dach steigen
unter einer Decke stecken
– mit dem Feuer spielen
die Flinte ins Korn werfen
– die erste Geige spielen
Geld macht nicht glücklich
– ein Haar in der Suppe finden
Hahn im Korb sein

- Irren ist menschlich
  Interesse
- Wie die Alten sungen, so zwitschern auch die Jungen.
  sich die Jacke anziehen
- mit jemandem ist nicht gut Kirschen essen
  den Kopf in den Sand stecken
- Liebe macht blind.
  sich auf seinen Lorbeeren ausruhen
- Morgenstund hat Gold im Mund.
  aus einer Mücke einen Elefanten machen
- jemanden an der Nase herumführen
  die Nerven verlieren
- sich etwas hinter die Ohren schreiben
  auf den Ohren sitzen
- unter dem Pantoffel stehen
  mit jemandem Pferde stehlen können
- an der Quelle sitzen
  Wer die Wahl hat, hat die Qual.
- große Rosinen im Kopf haben
  mit dem Rücken an die Wand kommen
- Scherben bringen Glück.
  Sauer macht lustig.
- Jeder fege vor seiner eigenen Tür!
  Trübsal blasen
- Unkraut verdirbt nicht.
  Undank ist der Welt Lohn.
- Vorsicht ist besser als Nachsicht.
  Vorbeugen ist besser als Heilen.
- den Wald vor lauter Bäumen nicht sehen
  Wo ein Wille ist, ist auch ein Weg.
- Zeit ist Geld.
  auf keinen grünen Zweig kommen

Nr. 137:   (1) Wort; (2) Sand; (3) Punkt; (4) Pferd; (5) Ohren; (6) Nase;
(7) Mund; (8) Luft; (9) Licht; (10) Kopf; (11) Karte(n);
(12) Haar(e)

Nr. 138:   Speisen: Eisbein, Kalter Hund, Schweinsohren, Rumkugeln, Baumkuchen, Mohnschnecke, Amerikaner, Windbeutel
Getränke: Mexikaner, Himbeergeist, Korn, Kümmel, Magenbitter, Halb und Halb

Nr. 139:   Augapfel, Zankapfel, Adamsapfel
Bessemerbirne, Glühbirne
Engelszunge, Landzunge
Stopfpilz, Glückspilz
Trauerkloß, Erdenkloß
Tee-Ei, Windei
Wellensalat, Spitzensalat, Wortsalat
Knallerbse, Fernlinse
Rachenmandeln, Kopfnuß, Ohrfeige, Giftnudel

Nr. 140:   Wetterhahn, Fleischwolf, Laufkatze, Dachhase, Drahtesel,
Schaukelpferd, Frechdachs, Backfisch, Dreckspatz

Nr. 141:   Speisegaststätte – Gerichtssaal
Bücherwurm – Papierschlange
Impftermin – Stichtag
Fahrlehrer – Steuerberater
Staudamm – Stromsperre
Krankenpfleger – Leibwache
Hauptsache – Hut
Weinkarton – Buddelkiste
Nachthemd – Spitzenerzeugnis
Fuß – Schuhanzieher
Jagd – Wildfang
Paprika – Brandstifter

Nr. 143:   Kratzbürste – ein widerspenstiger Mensch

Topfgucker – ein Mensch, der sich gern in die Angelegenheiten anderer einmischt

Hasenfuß – ein ängstlicher Mensch

Pfundskerl – ein prima Mensch

Pantoffelheld – ein Mann, der sich seiner Frau unterordnet

Knallfrosch – ein Knallkörper (Kinderspielzeug)

Fingerhut – ein Nähutensil

Putzhexe – eine Frau, die das Saubermachen liebt

Nr. 144:   Spaßvogel, Purzelbaum, Reißwolf, Armbrust, Charakterzug, Hochstapler, Ladenhüter, Eulenspiegel, Riesenwelle, Neunauge, Schlafmütze, Prahlhans, Irrgarten, Eselsohr, Leisetreter → Sprachlernspiel

Nr. 145:   Aller guten Dinge sind drei.

Alte Liebe rostet nicht.

Das Ei will klüger sein als die Henne.

Der Apfel fällt nicht weit vom Stamm.

Früh übt sich, was ein Meister werden will.

Gleich und gleich gesellt sich gern.

Jeder ist seines Glückes Schmied.

Jung gefreit hat nie gereut.

Probieren geht über Studieren.

Aller Anfang ist schwer.

Am Abend werden die Faulen fleißig.

Andere Länder, andere Sitten.

Durch Schaden wird man klug.

Ende gut, alles gut.

Es ist noch kein Meister vom Himmel gefallen.

Hunger ist der beste Koch.

Übung macht den Meister.

Viele Wege führen nach Rom.

Wer andern eine Grube gräbt, fällt selbst hinein.

Nr. 146:   (d); (c); (f); (a); (k); (b); (i); (j); (g); (l); (e); (h)

Nr. 147: Zum Lernen ist es nie zu spät.
Wer A sagt, muß auch B sagen.
Wer gern gibt, fragt nicht lange.
Was sein muß, muß sein.
Wer alles haben will, bekommt am Ende nichts.
Bei Nacht sind alle Katzen grau.
Was nicht ist, kann noch werden.
Der Appetit kommt beim Essen.
Früh übt sich, was ein Meister werden will.
Morgenstund hat Gold im Mund.
Ohne Fleiß kein Preis.
Wer nicht arbeitet, soll auch nicht essen.
Was der Mensch will, kann er auch.
Sie leben wie Hund und Katze.
Er ist falsch wie eine Katze / diebisch wie eine Elster.
Es ist hundekalt / saukalt.
Ich habe einen Bärenhunger / Wolfshunger.
Er hat immer große Rosinen im Kopf.
Du mußt jetzt deine Siebensachen packen.
Das pfeifen ja die Spatzen von den Dächern.
Mir fällt ein Stein vom Herzen.

Ebbe und Flut
außer Rand und Band
mit Lust und Liebe
bei Wind und Wetter
etwas hoch und heilig versprechen
kurz und bündig / kurz und klein
ganz und gar / voll und ganz
weit und breit

Nr. 148: Man soll den Tag nicht vor dem Abend loben.
Man soll dem Schicksal dankbar sein.
Alles Gute kommt von oben.
Ein Unglück kommt niemals allein.
Es ist noch kein Meister vom Himmel gefallen.
Hunde, die bellen, beißen nicht.

Dem Mutigen gehört die Welt.
Dem Glücklichen schlägt keine Stunde.

Nr. 149: Wie die Alten sungen, so zwitschern auch die Jungen.
Der Apfel fällt nicht weit vom Stamm.
Neue Besen kehren gut.
Liebe macht blind.
Wer andern eine Grube gräbt, fällt selbst hinein.
Es ist nicht alles Gold, was glänzt.
Wie man sich bettet, so schläft / liegt man.
Ende gut, alles gut.
Wer selbst im Glashaus sitzt, soll nicht mit Steinen werfen.
Wer den Schaden hat, braucht für den Spott nicht zu sor-
gen.
Was dem einen sin Ul' ist, ist dem annern sin Nachtigall.
Was du heute kannst besorgen, das verschiebe nicht auf
morgen.
Selber essen macht fett.
Schmiede das Eisen, solange es heiß ist.
Unter den Blinden ist der Einäugige König.
Ein blindes Huhn findet auch einmal ein Korn.
Schuster, bleib bei deinem Leisten!
Wo ein Wille ist, ist auch ein Weg.

Nr. 150: Papier; Mund; Gesicht; wehn; kann; Bauch; Feld; Wind;
doch

Nr. 151: neu; süß; Füß'; Händ'; End'
schneit; auf; Spaß; weh
klingen; springen; lachen; Sachen

Nr. 152: klar; müssen; weiß ich; sind; Sachen; geben; rennen; be-
wegen; Stand; gesund; Pause; Brause; Hause; Rücken; scha-
de

Nr. 153: Katze; Ast; Spatzen; plustern; Entsetzen; retten; verläßt

Nr. 162:   Bumerang

War einmal ein Bumerang,
War ein Weniges zu lang.
Bumerang flog ein Stück,
Aber kam nicht mehr zurück.
Publikum noch stundenlang
Wartete auf Bumerang.

Der Lattenzaun

Es war einmal ein Lattenzaun,
Mit Zwischenraum, hindurchzuschaun.
Ein Architekt, der dieses sah,
Stand eines Abends plötzlich da
Und nahm den Zwischenraum heraus
Und baute draus ein großes Haus.
Der Zaun indessen stand ganz dumm
Mit Latten ohne was herum,
Ein Anblick gräßlich und gemein,
Drum zog ihn der Senat auch ein.
Der Architekt jedoch entfloh
Nach Afri- od- Ameriko.

Nr. 163:   Der oder die Hühnerleiter?

Es scharrte eine Henne
auf einer Scheunentenne,
sie scharrte wie besessen
und dachte nur ans Fressen
und nicht ans Eierlegen
bei Sonne und bei Regen,
denn sie war faul und dick.
Sie fand sich trotzdem schick
und liebte einen Hahn,
der in die Scheune kam.
Er schrie ganz wild verwegen:
„Du willst nicht Eier legen?
Dann kommst du in die Suppe!"

Sie lachte: „Ist mir schnuppe,
es trifft mich nicht alleine –
du legst ja selber keine!"
Da gockelte der Hahn
die freche Henne an:
„Ich Hahn, ich muß mich pflegen,
muß keine Eier legen,
ich putze mein Gefieder
und krähe hin und wieder
und bin ein ganz Gescheiter,
ich bin – der Hühnerleiter!"

Nr. 164:   Beispiele:
          – dann aß ich süßen Butterkuchen.
          – dann wird er auf den Kutter müssen.
          – die dir am Abend Sorgen machen.
          – die Haare vor den Motten schützen.
          – wollt er was bei der Liese wagen.
          – Ab morgen ist es hundekalt!
          – gibt's im Sommer keine Schwalben.

Nr. 165:   Sebastian ist der kleinste, Peter der größte Schüler.

Nr. 166:   geerbt; geknallt; gewinkt; faßte; geschafft; gehört; geschärft; mitgebracht

Nr. 167:

getragen – geklagt	gebadet – geladen
gelogen – s. gefügt	gekauft – gesoffen
gestritten – begleitet	gesunken – geblinkt
gesehen – gefleht	geritten – geleitet

Nr. 168:   – auf dem Tisch; aus Tassen; vor der Arbeit; aus der Nebenstraße; mit dem Radfahrer; nach dem Feierabend; von der Arbeit; in das Auto; zur nächsten Imbißstube; am Sonntagnachmittag; vor dem Fernsehapparat; mit Kuchen; auf dem Tisch

- in der Nacht; vor ein Hotel; vor der Tür; seit einer Stunde
- aus einem Krankenhaus; im Nachthemd; in einem Café; bei Tee und Kuchen; über ihre Kleidung; für den letzten Schrei

Nr. 170: Vergiß mich nicht!
- ... daß Sie auf meinem Hut sitzen.
- Es waren etwa zwei Monate vergangen, seitdem meine Frau eines unserer Bücher ihrer Freundin geliehen hatte.
- Jürgen spielte lange Fußball und machte deshalb nicht alle Hausaufgaben.
- Eine junge Autofahrerin nahm mit ihrem Sportwagen eine Kurve derart leichtsinnig, daß sie eine Frau streifte und zu Boden riß. Aber aus Angst vor Strafe stoppte sie nicht, sondern fuhr weiter. Ein Polizist half der Gestürzten und fragte sie: „Haben Sie die Nummer des Wagens gesehen?" „Nein", sagte die zitternde Frau, „aber die Dame am Steuer trug eine blaue Baskenmütze, einen roten Pullover, einen Kamelhaarmantel und einen gelben Schal!"

Nr. 172: Plötzlich stand ein Mensch vor mir, auf dem Kopf einen steifen Hut, an den Füßen zerrissene Schuhe, in der Hand einen dicken Stock, im Mund eine erloschene Zigarre, in finsteres Schweigen gehüllt.

Elke rannte zum Sportplatz, im Hemd den Zettel mit der Nachricht aufbewahrend, im Sinn den geliebten Freund, auf dem Butterbrot Erdbeerkonfitüre, im Haar ein Band aus Samt, durch die Nase tief die würzige Luft atmend.

Das Klassenzimmer wurde geschmückt, mit fortschrittlichen Liedern die Zeit bis zur Ankunft des Direktors verbracht, in sinnloser Langeweile keine Sekunde, fröhlich und erfolgreich wie immer verging der Tag bis zum glücklichen Ende.

Nr. 178:   Ein Medizinstudent wird geprüft. Der Professor fragt ihn: „Was ist Ihrer Meinung nach das beste Schlafmittel?" Schnell antwortet der Student: „Das Bett, Herr Professor!"

Das Thema des Schulaufsatzes lautet: Wenn ich Direktor wäre. Alle schreiben los. Nur Ralf sitzt gelangweilt da und schaut zum Fenster hinaus. „Warum schreibst du denn nichts?" fragt der Lehrer. „Ich warte auf meine Sekretärin", erwidert Ralf.

Der Lehrer schreibt Zahlen mit Dezimalstellen an die Tafel, erklärt, daß er mit Zehn multipliziert, und wischt das Komma weg. „Wo befindet sich das Komma jetzt?" „Im Schwamm!" ruft Monika.

Herr Krause hat Halsschmerzen und geht zum Arzt. Der untersucht ihn und sagt: „Das sind die Mandeln, die müssen raus!" Einige Zeit nach der Operation kommt er wieder und klagt über Leibschmerzen. „Der Blinddarm muß raus!" ordnet der Arzt an. Nach erfolgter Operation kommt der Patient wieder und sagt: „Ich wage es kaum zu sagen, ich habe Kopfschmerzen!"

Gerd W. Heyse   Lügen-Ballade
Im Apfelbaum, im Apfelbaum / da schaukeln sanft Zitronen.
Es schaukelt auch das weiche Nest, / in dem Giraffen wohnen.
Die fressen die Bananen auf / und schmatzen um die Wette.
Sobald die Pflaumen alle sind, / gehn sie ganz leis zu Bette.
Wer sie dort schnarchen hören will, / der darf sie nur nicht stören.
Die können selbst im tiefsten Schlaf / das Mondkalb atmen hören.
Im Apfelbaum, im Apfelbaum, / da schaukeln sanft Zitronen.

160

Es schaukelt auch das weiche Nest,/in dem Giraffen wohnen.

Wer sagt, er sah sie dort noch nie,/dem fehlt – sehr einfach – Phantasie.

Nr. 179: Metropole; Rezept; Manschettenknöpfe; Halstabletten; Aktualität; Obstplantage; Expedition; Präsidium; Geologie; Sortiment; Komplimente; Diskuswerfen

Nr. 180:

jugendfreier Spielfilm	eisfreier Hafen
disziplinloser Schüler	kniefreier Rock
schulterfreies Abendkleid	alkoholfreies Getränk
schlaflose Nacht	fieberfreier Patient
arbeitsfreier Sonnabend	nahtlose Strümpfe

Nr. 181: eine verständliche Bitte; eine unglaubliche Nachricht; ein sparsamer Hausherr; ein gewaltiges Bauwerk; ein furchtbares Unwetter; ein herzhaftes Frühstück; ein schadhafter Zahn; eine schreckliche Prüfung; eine vierzehntägliche Vorlesung; ein hölzernes Regal; ein glasiger Blick; wolliges Haar

Nr. 182: finnisch; Norweger; Albaner, albanisch; italienisch; Franzose, französisch; Bulgare; Portugiese; portugiesisch; Waliser, walisisch; Däne, dänisch; Belgier

Nr. 183

Globus – Globusse	Rhythmus – Rhythmen
Paß – Pässe	Inserat – Inserate
Paket – Pakete	Stiefel – Stiefel
Erlaß – Erlasse	Krach – Krache/Krachs
Stadion – Stadions	Soldat – Soldaten

Nr. 184: Abkürzung, Aufgabe, zum Beispiel, besonders, am angegebenen Ort, und so weiter, zum Teil, zur Zeit, und die folgenden, und andere(s)/unter anderem, Kilometer, Kilogramm, Stunde, Freikörperkultur, Lastkraftwagen

Nr. 189: Drei Jäger gehen auf die Jagd und wollen einen Hirsch erlegen. In der Pause stärken sie sich. Der erste trinkt eine Flasche Milch: „Milch fördert das Denken und die Sehkraft." Der zweite nimmt eine Flasche Kaffee aus dem Rucksack: „Nur Kaffee beruhigt die Nerven." Der letzte bringt eine Flasche Wodka hervor. Da protestieren die anderen ganz energisch. Doch der Jäger erklärt unbeirrt: „Schnaps gibt eine ruhige Hand." Während dieses Streits taucht plötzlich ein Hirsch auf. Die drei legen das Gewehr an und feuern. Der erste trifft nicht, der zweite schießt auch daneben. Der dritte wackelt mit dem Gewehr hin und her, drückt ab – und der Hirsch sinkt getroffen zusammen. Die beiden bewundern den Meisterschützen. Der sagt gelassen: „Es ist doch keine große Kunst, aus einem so großen Rudel einen Hirsch zu treffen."

Nr. 190: Die Waren wurden nach Teheran gebracht. – Er fürchtete, seines Lebens verlustig zu gehen. – Danach bestellte ich heiße Würstchen. – Da trat aus seinem Purpurzelt der König. – Das berührt unsere Interessen nur wenig. – Danach bestieg der alte Herzog ächzend den Wagen. – Übersieh die Wasserlache nicht etwa! – Wir besitzen diesen Instinkt nicht mehr. – Die gute Spargelernte kam ihm sehr zustatten. – Dann besetzten Scharfschützen das Haus. – Die Kontinentalsperre erfüllte nicht die in sie gesetzten Erwartungen. – Ich liebe die Südweine nicht so sehr.

Nr. 191: Im Hof eines Theaters stand ein Ahornbaum. Er hatte schon viele Generationen von Schauspielern und Schauspielerinnen überdauert. Es ging ihm genau wie dem Bühnenportier, der schon den dritten Theaterdirektor überlebt hatte.
Eines frostigen Herbsttages fegte er die abgewehten Blätter des Ahornbaums zusammen, bis der Hof sauber war. Fünfmal hatte er das schon getan, und der Hof wollte nicht sauber bleiben. Wenn er sich in der Tür umwandte, war der

Hof schon wieder mit Blättern bestreut. Er hob den weißhaarigen Kopf und rief dramatisch: „Verfluchte Natur!"

Nr. 192: Ein seltsamer Fälscher wurde in Japan gefaßt. Er hatte
Schmetterlinge gefälscht, indem er die Flügel der Tiere
mit Klebstoff bestrich und den Staub farbiger Pastellstifte
daraufstreute. Diese Arten, die angeblich unbekannt waren, verkaufte er dann zu Höchstpreisen an Schmetterlingssammler. Da es ungefähr 200 000 verschiedene Sorten
von Schmetterlingen gibt, konnte der Schwindler seine
Tätigkeit jahrelang ausüben, ehe man auf die Fälschung
aufmerksam geworden war.

Nr. 194: Schnecke; Faulpelz; Heu; Handschuhe; Kohlkopf; Feuer;
Schwamm; Gleichgewicht; Nase (hat Rücken vorn, Flügel
unten, Wurzel oben); im Keller; das O; Seekrankheit;
Mond; Notenschlüssel; vorgestern – gestern – heute – mor-
gen – übermorgen; Wasserspiegel; Rost; als Eis; Motte (frißt
Löcher); Sonnabend; Hut; Huhn

Nr. 196: – der Schatten
– ein Buch
– die Augen
– der Tisch
– S Turm – Sturm
– Wende – Wunde – Winde
– Rebe – Eber
– Leben – Nebel
– Sarg – Gras
– Fahrschein

Nr. 197: (1) Marzipanschwein, (2) Ofenbank, (3) Räuchermänn-
chen, (4) Gänsebraten, (5) Eisenbahn, (6) Nußknacker, (7)
Krippenspiel, (8) Ingwerplätzchen, (9) Naschkatze, (10)
Dampfmaschine, (11) Eiszapfen, (12) Rutschpartie, (13)
Weihnachtsstollen, (14) Irrlicht, (15) Eisbahn, (16) Dauer-

wurst, (17) Schlittenfahrt, (18) Wunschzettel, (19) Advents-
kranz, (20) Spieldose, (21) Gabentisch, (22) Eisblumen,
(23) Besenrute, (24) Engelshaar, (25) Nachtmusik

Nr. 198: (1) Bahnhofsvorsteher, (2) Installateur, (3) Lumpensamm-
ler, (4) Dachdecker, (5) Hebamme, (6) Außenhandelskauf-
mann, (7) Uhrmacher, (8) Elektriker, (9) Rundfunkmecha-
niker, (10) Bildhauer

Nr. 200:

acht	zwei
elf	drei
drei	eins
vier	zwei

Nr. 201: Einsitzer und Elfenbein
Einstein; Zweisitzer; Dreiangel; Vierzylinder; Fünfstrom-
land; Sechseck; Siebengestirn; Achtpfünder; Neunmalklu-
ger; Zehnkampf

Nr. 203: keins; Zweige; dreist; Vieh; Fünkchen; Ostsee; sieben; achte; neue; Elfi; Zehe

Nr. 204: Zweifel   Reinschrift   verachten
Elvira sitzt am Klavier
Man ist nie einsam, wenn man eine Rundreise macht.
kleines Wehweh am großen Zeh
Tante (T an T)
Kunde (K und E)
großes Weh am kleinen Zeh
Tinte (T in T)
Zweiter (zwei TER)
Wilhelm Tell (als Bruch gelesen wie $\frac{1}{3}$ = ein Drittel) =
Wilhelmtel
Weihnacht (weih nach T)
Bund (B und)
Schreibunterlage (Schreib unter lage)
Achtel (acht el)

Flußübergang (Fluß über gang)
Zähneputzen (zehn e putzen)
Achte auf Gefahren! (acht e auf G fahren)
Brummbär (br um bär)
Er hatte eine Botschaft hinterlassen.
Bitte um Unterredung!
der Unterschied zwischen dein und mein
Kind, überlege, was du unternimmst!

Nr. 205:

Hausschuh	Hausaufgabe	Kofferradio
Rathaus	Speisekarte	Abendbrot
Tonband	Montag	Wörterbuch
Kühlschrank	Handschuh	Lippenstift
Schachtel	Rundreise	Skimütze
beachten	sich sonnen	sich unterhalten

Nr. 206:

Spaßvogel	Topfgucker
Schlafmütze	Baumkuchen
Eselsbrücke	Ohrfeige
Glückspilz	Eisbein
Krankenhaus	Mittelpunkt
Maiglöckchen	Raumschiff
Weihnachtsmann	Heilpflanze
Strumpfhose	Pfefferkuchen
Autoradio	Leselampe
Osterhase	Bratwurst

Nr. 207:

Hand – Hund	Mond – Mund
Hose – Hase	Buch – Bach
Tür – Tier	Haus – Maus
Fisch – Tisch	Vase – Nase

Nr. 208:

1. Sternbilder	2. Tischbein
Sternfahrt	Fleischer
Sternwarte	Frischkost
Sterndeuter	Bratfischkonserve
Sterntaler	Küstenfischerei

Sternchennudeln   Tischtuch
                           Frischfisch

3. Weimar   4. Fahneneid
   Leierkastenmann   Fahnentuch
   Reibekuchen   Fahnenstange
   Steigeisen   Fahnenschaft
   Seifendose   Fahnenappell
   Seidenwurm
   Meisterbrief
   Keilkissen

5. Buchtitel   6. Vogeleier
   Buchhandlung   Vogelnest
   Buchdruckerei   Vogelzug
   Buchautor   Vogelbauer
   Buchhalter

Nr. 209:   Vera
            Tier
            Stop
            Ball
            Wein
            Anna
            Eile
          → Violine

Nr. 210:   Kirche   sozial
            hinter   Barren
            rennen   Zettel
            Kinder   Nelken
            Sender   Norden
            Leiter   → Kindergarten
            Montag

Nr. 211:

RUDER ↑	R	U	**F**	E	R
KROCH	K	R	**A**	C	H
HÖRER	H	Ö	**H**	E	R
KANTE	K	A	**R**	T	E
ENGEL	E	N	**K**	E	L
BLUSE	B	L	**A**	S	E
KAMIN	K	A	**R**	I	N
EIMER	E	I	**T**	E	R
RINGE	R	I	**E**	G	E

Nr. 212: Waagerecht: 1. Industrie 8. Noah 9. ein 10. Russen 12. Imme 13. am 14. UNO 15. Nonsens
Senkrecht: 1. in 2. Norm 3. Daumen 4. Uhse 5. Teer 6. Rin 7. in 11. Amor 12. Inn 13. an 14. US

Nr. 213: Waagerecht: 1. Reise 6. Eimer 7. As 8. rot 10. Suse 11. kam 12. Ara 13. Ar 14. Maler 16. im 17. sto
Senkrecht: 1. real 2. Eis 3. im 4. Serum 5. Eros 9. Teer 10. Saal 11. Kram 12. Ami 13. Art 15. es

Nr. 214: (1) Handschuhe (2) Oberhemd (3) Stecknadel (4) elegant (5) Nerzkragen (6) Robe (7) olivgrün (8) Charmeuse (9) kariert → Hosenrock

Nr. 215: (1) Putzteufel (2) Aschenputtel (3) Nervensäge (4) Turteltäubchen (5) Osterhase (6) Faulpelz (7) Frauenheld (8) Ehekrüppel (9) Leichtfuß (10) Hausdrachen (11) Ekelpaket (12) Leisetreter (13) Draufgänger → Pantoffelheld

Nr. 216: (1) Reise (2) Riese (3) Ohren (4) Ahorn (5) Kanne (6) Kehle (7) Welle (8) Weite (9) Kette (10) Kehre (11) Leere (12) Liese

Zusammenstellung der Spiele nach im Fremd-sprachenunterricht relevanten Tätigkeiten

(Be)nennen:	1 – 2 – 7 – 8 – 9 – 10 – 15 – 45 – 46 – 47 – 48 – 49 – 57 – 68 – 69 – 79 – 80 – 86 – 104 – 105 – 106 – 144 – 167 – 185 – 205 – 206 – 208
Suchen:	14 – 19 – 33 – 56 – 57 – 58 – 59 – 60 – 61 – 63 – 64 – 71
Semantisieren:	74 – 75 – 76 – 136 – 141 – 142 – 144
Variieren:	21 – 22 – 23
Assoziieren:	55 – 66 – 67
Identifizieren:	44 – 50 – 52 – 54 – 58 – 59 – 60 – 61 – 63 – 68 – 69 – 72 – 77 – 78 – 81 – 82 – 85 – 98 – 99 – 117 – 120 – 132 – 134 – 135 – 138 – 139 – 142 – 143 – 149 – 184 – 186 – 187 – 193 – 194 – 195 – 196 – 200 – 201 – 202 – 203 – 204
Verstehen:	45 – 53 – 70 – 165
Ergänzen / Buchstaben:	6 – 11 – 25 – 26 – 27 – 145
Wörter:	62 – 73 – 83 – 130 – 137 – 150 – 151 – 152 – 153 – 154 – 155 – 156 – 159 – 166
Ordnen / Buchstaben	5 – 28 – 29 – 30 – 32
Wörter:	141 – 170
Sätze:	129 – 131 – 146 – 162 – 163 – 190 – 191 – 192
Formieren / Wörter:	12 – 13 – 16 – 17 – 20 – 24 – 31 – 34 – 35 – 51 – 198
Komposita:	36 – 37 – 38 – 39 – 40 – 41 – 140 – 197
Derivate:	42 – 43 – 121
Sätze:	3 – 84 – 90 – 91 – 92 – 93 – 94 – 95 – 96 – 97 – 100 – 101 – 102 – 103 – 107 – 108 – 111 – 116 – 118 – 157 – 164 – 171 – 186 – 193
Korrigieren:	147 – 148 – 160 – 168 – 170 – 172 – 173 – 178 – 179 – 180 – 181 – 182 – 183 – 184 – 188 – 189